編輯大意

一、本書係精選歷屆統測、四技二專、保送甄試等相關試題編寫而成，以做為高三升學應試前加強練習之用。

二、在內文部分，本書共有兩大部分：

1. **必考重點快捷鍵**：彙整各章重點整理與經典考題。此部分的特色有：
   - **各章必考重點**：做為學生考前最後複習之用。
   - **搶分終點線**：於各章複習重點之後，挑選經典考題，做為學生考前練習衝刺之用。

2. **歷屆全真統測試題**：共計25回，每回均採用統一入學測驗模式，精選歷屆統測試題、並依各章歷年考試比重所編纂而成。此部分的特色有：
   - 題末標示來源出處：如[112統測]表示為112年之統測考題。
   - 題末標示重點複習連結：如 P.2表示該題可參考本書第2頁的必考重點；則表示該題可參考旗立「經濟學滿分總複習」之重點整理。

三、在題目部分，選自最近二十多年來的統測、四技二專、保送甄試等歷屆考題，其特色如下：

1. 兼顧基本觀念題、綜合比較題、時事題、圖形題、計算題等題型；其中跨章節之綜合題型，更以如 P.2、P.8、P.34之方式，提醒學生重點複習處。

2. 題目精挑細選、去蕪存菁，已全面排除有爭議及與現況不符之考題，讓同學可以順利練習、成功搶分。

四、本書內容若有疏漏之處，尚祈各界先進不吝指賜教，以做為本書改進之參考。

編者　謹誌

目錄

必考重點快捷鍵

CH1	經濟基本概念	2
CH2	需求與供給	4
CH3	消費行為理論	8
CH4	生產理論	10
CH5	成本理論	12
CH6～9	四種市場類型的比較	14
CH10	分配理論	16
CH11	工資與地租	18
CH12	利息與利潤	20
CH13	國民所得	22
CH14	所得水準的決定	24
CH15	貨幣與金融	26
CH16	政府	28
CH17	國際貿易與國際金融	30
CH18	經濟波動	32
CH19	經濟成長與經濟發展	34

歷屆全真統測試題

第一回	37
第二回	41
第三回	45
第四回	49
第五回	53
第六回	57
第七回	61
第八回	65
第九回	69
第十回	73
第十一回	77
第十二回	81
第十三回	85
第十四回	89
第十五回	93
第十六回	97
第十七回	101
第十八回	105
第十九回	109
第二十回	113
第二十一回	117
第二十二回	121
第二十三回	125
第二十四回	129
第二十五回	133

答案與詳解

搶分終點線	138
歷屆全真統測試題	144

必考重點
快捷鍵

CH1 經濟基本概念

1. 經濟思想演進

反古典學派

學派	重商主義 ➡	重農主義 ➡	古典學派 ➡	社會主義學派 ➡	歷史學派 ➡	邊際效用學派 ➡
代表學者	蒙恩	揆內	亞當斯密	馬克思	李士特	華拉斯
主要論點	保護貿易	自由貿易	價格機能	剩餘價值說	保護貿易	邊際效用
學派	新古典學派 ➡	新經濟學派 ➡	貨幣學派 ➡	供給面學派 ➡	理性預期學派 ➡	新興凱因斯學派
代表學者	馬歇爾	凱因斯	傅利德曼	拉弗爾	盧卡斯	泰勒、曼昆
主要論點	個體經濟	總體經濟	法則替代權衡	降低稅率	內生成長	權衡性干預政策

2. 個體經濟學與總體經濟學

種類	個體經濟學	總體經濟學
創始者	馬歇爾（個體經濟學之父）	凱因斯（總體經濟學之父）
學派別	新古典學派	新經濟學派
研究對象	個別消費者、廠商或產業	整個社會或國家
研究重點	價格	國民所得
別稱	價格理論、廠商理論	所得理論

3. 實證經濟學與規範經濟學

種類	實證經濟學（唯真經濟學）	規範經濟學（唯善經濟學）
意義	以客觀的事實來解釋經濟現象	主觀分析經濟政策的利弊得失
研究重點	探討政策與經濟現象的因果關係	探討經濟現象應該如何的問題

4. 生產可能曲線（PPC）

特性	• 負斜率　　　　　• 凹向原點（∵機會成本遞增）	
斜率	斜率＝邊際轉換率 $MRT_{XY} = \left|\dfrac{\text{所必須減少生產Y財的數量}}{\text{每增加一單位X財的產量}}\right| = \left|\dfrac{\Delta Y}{\Delta X}\right|$	
應用	反映資源利用是否達到效率	反映經濟成長或衰退
	• A、B：生產效率最佳 • C：生產過程無效率 • D：無法達到的生產組合	• PPC_2：經濟成長 • PPC_1：經濟衰退

搶分終點線

( )1. 在下列四則之新聞報導中,何者是屬於總體經濟學之範疇?
(A)超市舉辦橘子特賣,而在特惠期間橘子銷量大增
(B)因預期今年冬天會特別寒冷,服飾業者紛紛提早布局保暖外套的市場
(C)某間拉麵店在開幕期間,前一百名消費顧客有打折優惠,引起民眾排隊
(D)因應疫情可能使景氣衰退,政府研討發放五倍券等振興經濟的措施。 [111統測]

( )2. 下列有關各經濟學派的敘述,何者正確?
(A)古典學派反對政府干涉經濟活動
(B)凱因斯學派主張「供給創造需求」
(C)重貨幣學派主張政府應該採「以權衡代替法則」的貨幣政策
(D)新古典成長理論又稱為「內生成長理論」。 [107統測]

( )3. 在經濟學的研究範圍中,以價格為分析重點,亦稱價格理論(Price theory)的是:
(A)總體經濟學 (B)規範經濟學 (C)個體經濟學 (D)生態經濟學。 [97統測]

( )4. 下列那一項不屬於規範經濟學(normative economics)的研究範疇?
(A)「經濟成長」與「環境保護」孰重的研究
(B)政府應「優先開發東部高速道路」或「增加公共休閒遊樂區」的研究
(C)政府支出增加,會使國民所得增加的研究
(D)是否應實施「戒急用忍」政策。 [94統測補考]

( )5. 對理性消費者而言,自利行為最終目的為何?
(A)追求滿足最大 (B)追求利潤最大 (C)追求所得最大 (D)追求預算最大。 [101統測]

( )6. A國的生產可能曲線PPC如右圖所示,下列有關PPC的敘述何者錯誤?
(A)技術的進步會使PPC₁移動至PPC₂
(B)技術的進步會使PPC₂移動至PPC₃
(C)PPC₁移動至PPC₂表示經濟成長
(D)PPC₁移動至PPC₃表示經濟衰退。 [102統測]

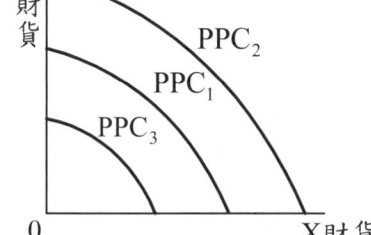

( )7. 在生產可能曲線上,每增加1單位X的生產,所必須減少生產Y的數量逐漸增加。此種現象稱為?
(A)機會成本遞增 (B)機會成本遞減 (C)社會福利極大 (D)邊際效用遞減。 [100統測]

( )8. 小濟在週末放假期間,有若干個選擇:在家手作蛋糕與家人分享,或是完成設計廣告宣傳品並獲得1,000元的酬勞,或是前往商展打工獲得1,600元的酬勞,假設小濟只能選擇一項工作,請問小濟選擇在家手作蛋糕與家人分享的機會成本為:
(A)1,000元 (B)1,600元 (C)2,600元 (D)無法衡量。 [103統測]

( )9. 製鞋廠商在評估到底要多利用人工或是資本設備,並考慮生產成本和其對環境的影響,這是屬於哪一種經濟問題?
(A)生產什麼 (B)如何生產 (C)何時生產 (D)為誰生產。 [105統測]

( )10. 我國所施行的民生主義經濟制度是屬於何種制度?
(A)自由經濟制度 (B)共產主義經濟制度
(C)混合經濟制度 (D)控制經濟制度。 [101統測]

CH2 需求與供給

1. 需求法則與供給法則

法則	需求法則	供給法則
P與Q的關係	反向變動 （P↑ ⇒ Q_d↓；P↓ ⇒ Q_d↑）	同向變動 （P↑ ⇒ Q_s↑；P↓ ⇒ Q_s↓）
曲線	**負**斜率	**正**斜率
例外	• 炫耀財（P↑ ⇒ Q_d↑） • 季芬財（P↑ ⇒ Q_d↑）	• 固定供給（P↑ ⇒ $\overline{Q_s}$） • 個別勞動供給（曲線後彎）

2. 需求彈性與供給彈性

類別	需求彈性	供給彈性
點彈性	$E^d = \left\| \dfrac{\Delta Q}{\Delta P} \times \dfrac{P_1}{Q_1} \right\| = \left\| \dfrac{1}{斜率} \times \dfrac{P_1}{Q_1} \right\|$ $= \left\| -b \times \dfrac{P_1}{Q_1} \right\|$	$E^S = \dfrac{\Delta Q}{\Delta P} \times \dfrac{P_1}{Q_1} = \dfrac{1}{斜率} \times \dfrac{P_1}{Q_1}$ $= b \times \dfrac{P_1}{Q_1}$
弧彈性	$E^d = \left\| \dfrac{\Delta Q}{\Delta P} \times \dfrac{P_1+P_2}{Q_1+Q_2} \right\| = \left\| \dfrac{1}{斜率} \times \dfrac{P_1+P_2}{Q_1+Q_2} \right\|$ $= \left\| -b \times \dfrac{P_1+P_2}{Q_1+Q_2} \right\|$	$E^S = \dfrac{\Delta Q}{\Delta P} \times \dfrac{P_1+P_2}{Q_1+Q_2} = \dfrac{1}{斜率} \times \dfrac{P_1+P_2}{Q_1+Q_2}$ $= b \times \dfrac{P_1+P_2}{Q_1+Q_2}$

3. 不同需求彈性所對應的需求曲線

彈性類型	說明	需求曲線	圖形
完全彈性（$E^d = \infty$）	P稍增 ⇒ Q_d降為0 P稍減 ⇒ Q_d增至∞	水平	
富有彈性（$E^d > 1$）	需求量變動百分比 ＞價格變動百分比	較平坦	
單一彈性（$E^d = 1$）	需求量變動百分比 ＝價格變動百分比	等軸	
缺乏彈性（$E^d < 1$）	需求量變動百分比 ＜價格變動百分比	較陡	
完全無彈性（$E^d = 0$）	需求量不受價格變動影響	垂直	

4. 同一條需求曲線上各點的彈性

需求彈性	需求曲線上點的位置	圖形
$E^d = \infty$	A點	
$E^d > 1$	$\overline{AB}$ 之間任一點	
$E^d = 1$	B點（直線中點）	
$E^d < 1$	$\overline{BC}$ 之間任一點	
$E^d = 0$	C點	

點的位置愈高 ⇒ 彈性愈大

5. 需求彈性 E^d 與總收益 TR（總支出 TE）的關係

E^d	P變動	TR（TE）變動	P與TR（TE）的關係
$E^d > 1$	P↑	TR（TE）↓	反向變動
$E^d = 1$	P↑	$\overline{TR}$（$\overline{TE}$）	無關
$E^d < 1$	P↑	TR（TE）↑	同向變動
$E^d = 0$	P↑	TR（TE）↑	同向同比例變動

6. 不同供給彈性所對應的供給曲線

彈性類型	說明	供給曲線	圖形
完全彈性（$E^S = \infty$）	P稍增⇒Q_S增至∞ P稍減⇒Q_S降為0	水平	
富有彈性（$E^S > 1$）	供給量變動百分比 ＞價格變動百分比	與縱軸相交	
單一彈性（$E^S = 1$）	供給量變動百分比 ＝價格變動百分比	過原點	
缺乏彈性（$E^S < 1$）	供給量變動百分比 ＜價格變動百分比	與橫軸相交	
完全無彈性（$E^S = 0$）	供給量不受價格變動影響	垂直	

7. 政府影響市場均衡價格的政策與結果

政策		說明	結果
限價	價格上限	保障**消費者**利益 **管制價格＜均衡價格**	供不應求（**超額需求**）
	價格下限	保障**生產者**利益 **管制價格＞均衡價格**	供過於求（**超額供給**）
課稅		生產成本↑⇒供給↓（曲線左移）	均衡價格↑，均衡數量↓
補貼		生產成本↓⇒供給↑（曲線右移）	均衡價格↓，均衡數量↑

搶分終點線

( )1. 若有一財貨之需求價格彈性為E^d，而供給價格彈性為E^s，則下列敘述何者正確？
(A)若此財貨的供給線為水平線，則$E^s=0$
(B)若$E^d=1.25$時，廠商降價可以增加總收益
(C)若此財貨的需求線為垂直線，則$E^s=0$
(D)若$E^s=0.9$時，廠商漲價可以增加總收益。 [109統測]

( )2. 一般而言，下列何者最可能為經濟學中所稱的劣等財（Inferior Goods）？
(A)鑽石 (B)牛奶 (C)速食麵 (D)化妝品。 [101統測]

( )3. 若財貨A的需求函數為$Q=100-2P$，其中Q為需求量，P為價格，則下列敘述何者正確？
(A)若財貨A為正常財，所得增加時，在$P=10$時，Q低於80
(B)若財貨A之替代品價格上漲時，在$P=20$時，Q高於60
(C)若預期未來價格將上漲，在$P=30$時，Q低於40
(D)若財貨A為劣等財，所得增加時，在$P=25$時，Q高於50。 [99統測]

( )4. 若汽油價格上升使大型汽車需求減少，則下列敘述何者正確？ (A)汽油與大型汽車為消費上的替代品 (B)汽油與大型汽車為消費上的互補品 (C)汽油為劣等財 (D)大型汽車為劣等財。 [98統測]

( )5. 若香蕉的需求函數為$Q=20-\frac{1}{2}P$；其中Q為香蕉數量，P為香蕉價格。當$Q=10$時，香蕉的需求彈性為： (A)0.50 (B)0.75 (C)1.00 (D)1.25。 [95統測]

( )6. 右圖的A、B、C三條直線相交於一點，在此交點，其需求價格彈性的絕對值之大小次序，下列何者正確？
(A)A＞B＞C (B)A＜B＜C
(C)A＝B＝C (D)A＞B＝C。 [93統測]

( )7. 若已知財貨A之供給函數為$Q_S=-5+3P$，需求函數為$Q_d=11-P$，財貨A為正常財，則下列敘述何者錯誤？
(A)均衡時之價格（P）等於4
(B)在其他條件不變下，預期財貨A的價格將上漲會使均衡價格（P）大於4
(C)在其他條件不變下，消費者的所得提高時之均衡數量（Q）小於7
(D)在其他條件不變下，生產技術的進步會使均衡數量（Q）大於7。 [104統測]

( )8. 下列哪一項是導致供給曲線往右移動的原因？
(A)生產技術進步 (B)政府稅金提高
(C)財貨的耐用程度愈大 (D)原物料價格提高。 [100統測]

( )9. 下列何者會引起「供給量的變動」？
(A)租稅與補貼的變動 (B)相關生產要素價格的變動
(C)生產技術的變動 (D)財貨本身價格的變動。 [98統測]

( )10. 下列敘述，何者反映豬肉供給變動的現象？
(A)飼料玉米價格大漲，毛豬生產成本增加
(B)消費者關切肉品食用安全問題，豬肉購買量減少
(C)牛肉價格下跌，消費者增加牛肉的消費而減少豬肉的消費
(D)賣場以7折優惠價出售豬肉，造成豬肉熱賣。 [96統測]

( )11. 若電動車市場有負斜率的需求曲線與正斜率的供給曲線，在其他條件不變下，若車用晶片的價格上漲，對電動車市場的均衡價格和交易量將產生什麼影響？
(A)價格上漲，交易量減少　　(B)價格下跌，交易量減少
(C)價格上漲，交易量增加　　(D)價格下跌，交易量增加。　　[112統測]

( )12. 下列有關需求與供給彈性的敘述，何者錯誤？
(A)季芬財貨的需求所得彈性值小於0
(B)炫耀性財貨的需求所得彈性值大於0
(C)一財貨的消費支出占所得的比例愈小，其需求價格彈性（絕對值）愈小
(D)一財貨的生產成本隨產量變化的程度愈大，其供給彈性（絕對值）愈小。　　[93統測]

( )13. 若某財貨價格由50元上漲至70元，而其供給量由300個增加到500個，其供給弧彈性為：
(A)1　(B)1.5　(C)1.67　(D)2.5。　　[105統測]

( )14. 當禽流感發生時，會造成禽類產品市場發生下列何種情況？
(A)需求減少，供給增加　　(B)需求增加，供給增加
(C)需求減少，供給減少　　(D)需求增加，供給減少。　　[101統測]

( )15. 假設其他情況不變，若某財貨的供給減少，對該財貨的均衡價格和均衡數量有何影響？
(A)均衡價格上漲，均衡數量增加
(B)均衡價格上漲，均衡數量減少
(C)均衡價格下跌，均衡數量增加
(D)均衡價格下跌，均衡數量減少。　　[100統測]

( )16. 若財貨X的需求函數$Q_X = 17 - 2P_X$，而供給函數$Q_X = -1 + P_X$，Q_X表數量，P_X表價格，則下列何者正確？
(A)均衡價格為7　(B)均衡價格為5　(C)均衡數量為6　(D)均衡數量為5。　　[97統測]

( )17. 若一物品的供給增加，需求增加，則
(A)價格下跌　(B)價格上漲　(C)交易量增加　(D)交易量減少。　　[88南區專夜]

( )18. 假設政府對某民生用品A採行價格上限之政策，已知該財貨之需求函數為$Q^d = 450 - 2P$，供給函數為$Q^s = 50 + 3P$。以下關於此財貨市場之敘述，何者為真？
(A)若價格上限為105，此市場有超額供給現象
(B)若價格上限為90，此市場有超額需求現象
(C)若價格上限為85，此市場有超額供給現象
(D)若價格上限為75，此市場有超額需求現象。　　[102統測]

( )19. 下列有關價格管制之敘述，何者正確？
(A)保障收購價格制度是屬價格上限（price ceiling）之管制概念
(B)若採有效價格上限管制，則市場容易出現供不應求之情況
(C)有效的價格下限（price floor）旨在保護生產者利潤，而且其價格應低於市場均衡價格
(D)於戰亂或過度通貨膨脹時，政府較易採價格下限手段管制商品價格。　　[101統測]

( )20. 假設某商品市場的需求函數是$Q = 300 - 0.5P$，供給函數$Q = 50 + 0.75P$，其中P為價格，Q為數量。下列有關政府於此市場之價格干涉政策之敘述，何者錯誤？
(A)若採150元的價格上限政策時，此政策不影響均衡交易量
(B)若採100元的價格上限政策時，此市場會有超額需求125單位
(C)若採300元的價格下限政策時，此市場會有超額供給125單位
(D)若政府對價格不干涉時，此市場的均衡交易量為200單位。　　[107統測]

CH3 消費行為理論

1. 邊際效用 MU 與總效用 TU 的關係

曲線名稱	圖形	重要說明
MU與TU的關係		1. MU＞0 ⇒ TU遞增 2. MU＝0 ⇒ TU最大 3. MU＜0 ⇒ TU遞減

2. 水與鑽石的矛盾

比較項目	水	鑽石
總效用	高（∵用途多）	低（∵用途少）
邊際效用	低（∵量多）	高（∵稀少）
價格	低（∵交換價值小）	高（∵交換價值大）
消費者剩餘	大（∵價格低）	小（∵價格高）

3. 邊際效用遞減法則與邊際效用均等法則

邊際效用遞減法則	消費者連續消費某項財貨的**邊際效用會隨著消費量的增加而遞減**
邊際效用均等法則	消費者以有限所得購買財貨時，其花費最後一元在各種財貨上所獲得的**邊際效用均相等**，總效用最大 • 不考慮財貨價格：$MU_X = MU_Y = MU_Z = \cdots\cdots = MU_N$ • 考慮財貨價格：$\dfrac{MU_X}{P_X} = \dfrac{MU_Y}{P_Y} = \dfrac{MU_Z}{P_Z} = \cdots\cdots = \dfrac{MU_N}{P_N} = MU_m$

4. 家庭消費定律（恩格爾法則）

所得增加時	糧食支出增加的幅度＜所得增加的幅度
	一般支出增加的幅度＝所得增加的幅度
	文化支出與儲蓄增加的幅度＞所得增加的幅度

搶分終點線

( ) 1. 張同學一家人於放假期間，看電影、租錄影帶與吃爆米花的總效用分別如下表。假設電影票價每部為$600，錄影帶租借價格每支為$200，爆米花價格每包為$100。若其消費預算上限為$1,200，則下列何種消費組合可使其效用達到最大？
(A)1部電影、3支錄影帶、0包爆米花 (B)1部電影、2支錄影帶、2包爆米花
(C)1部電影、1支錄影帶、4包爆米花 (D)2部電影、0支錄影帶、0包爆米花。　　[102統測]

數量	電影總效用	租錄影帶總效用	爆米花總效用
1	3,000	1,400	800
2	5,400	2,400	1,300
3	7,200	3,000	1,500
4	8,400	3,200	1,600

( ) 2. 安安吃柳丁的邊際效用，第一顆為35，第二顆為27，第三顆為21，則下列敘述何者正確？
(A)吃三顆柳丁的總效用為82　(B)吃三顆柳丁的平均效用為21
(C)吃二顆柳丁的平均效用為28　(D)吃二顆柳丁的總效用為62。　　[99統測]

( ) 3. 財貨X的價格為10元，財貨Y的價格為15元，現若一消費者所購買的X與Y的均衡組合中，兩財貨之數量皆為1單位，而均衡時X的邊際效用為30，請問均衡時Y的邊際效用為多少？　(A)30　(B)45　(C)20　(D)15。　　[96統測]

( ) 4. 理性消費者進行商品的選擇決策時，以哪一項為原則？
(A)每一元之總效用最大　(B)每一元之邊際效用最小
(C)每一元之總效用最小　(D)每一元之邊際效用最大。　　[94統測]

( ) 5. 傢俱廠對於木材的需要稱之為：
(A)直接需求　(B)引申需求　(C)最終需求　(D)替代需求。　　[103統測]

( ) 6. 若小明花12元消費3個X財貨，其邊際效用$MU_X=8$，若小明再花10元消費2個Y財貨，其邊際效用$MU_Y=10$，在不增加預算的情況下，小明如何調整其購買的財貨組合，可以提高其總效用？
(A)全部消費Y財貨
(B)增加Y財貨的消費，減少X財貨的消費
(C)增加X財貨的消費，減少Y財貨的消費
(D)無法用調整購買財貨組合以提高總效用。　　[112統測]

( ) 7. 人們逛街購物時通常會認為貨比三家不吃虧，主要是希望能夠增加？
(A)均衡價格　(B)邊際收益　(C)消費者剩餘　(D)生產者剩餘。　　[100統測]

( ) 8. 某甲對財貨G的需求函數為$Q=300-20P$，式中Q為數量，P為價格。若市場價格為$P=10$，請問消費者剩餘為多少？　(A)50　(B)250　(C)1,000　(D)1,250。　　[98統測]

( ) 9. 恩格爾法則顯示，一個家庭的貨幣所得愈低，則所得中用於食物支出的比例
(A)不變　(B)愈小　(C)愈大　(D)不定。　　[89中區專夜]

( ) 10. 下列有關消費行為的敘述中，何者正確？　(A)財貨的價格是由總效用大小所決定　(B)若邊際效用等於零，總效用也為零　(C)若恩格爾係數為0.5，而糧食支出為160，則家庭總所得為320　(D)隨著消費數量的增加，邊際效用會有不斷遞增的現象。　　[107統測]

CH4　生產理論

1. 消費者剩餘、生產者剩餘與社會福利

公式	圖形
消費者剩餘（C.S.）＝心中願付支出－實際支付支出	
生產者剩餘（P.S.）＝實際得到報酬－所要求最低報酬	
社會福利＝消費者剩餘＋生產者剩餘	

2. MP 與 TP 的關係

MP＞0	TP遞增
MP＝0	**TP最大**
MP＜0	TP遞減
MP線最高點為TP線反曲點	

3. MP 與 AP 的關係

MP＞AP	AP遞增
MP＝AP	**AP最大**
MP＜AP	AP遞減
MP線通過AP線最高點	

4. 邊際報酬遞減法則

李嘉圖認為，**短期**內在技術與其他要素投入量不變下，**邊際產量**會隨變動要素投入量的增加，呈現先遞增而後**遞減**的現象。

5. 生產三階段與報酬三階段

曲線名稱	圖形	重要說明
生產三階段（看**AP**） **報酬三階段**（看**MP**）		階段 | I | II | III 生產三階段 | 原點~AP最高點 | AP最高點~MP＝0 | MP＝0之後 報酬三階段 | 原點~MP最高點 | MP最高點~MP＝0 | MP＝0之後
TP與MP的關係		1. MP＞0 ⇒ TP遞增 2. MP＝0 ⇒ TP最大 3. MP＜0 ⇒ TP遞減
AP與MP的關係		1. MP＞AP ⇒ AP遞增 2. MP＝AP ⇒ AP最大 3. MP＜AP ⇒ AP遞減

搶分終點線

( )1. 已知某產品之供給函數 $Q^S = -15 + 3P$，若市場均衡價格為45時，生產者剩餘為多少？
(A)5,400　(B)4,500　(C)2,700　(D)2,400。　　[102統測]

( )2. 假設某市場的需求函數為 $Q = \dfrac{150-P}{3}$，供給函數為 $Q = \dfrac{P-50}{2}$，則下列敘述何者錯誤？
(A)消費者剩餘為600
(B)生產者剩餘為600
(C)均衡價格為90，均衡數量為20
(D)當價格是70時，生產者願意供給的數量是10。　　[96統測]

( )3. 生產者選擇變動要素使用量時，如右圖所示，應在
(A)0A階段，方為合理
(B)AB階段，方為合理
(C)BC階段，方為合理
(D)C以後階段，方為合理。　　[86中區專夜]

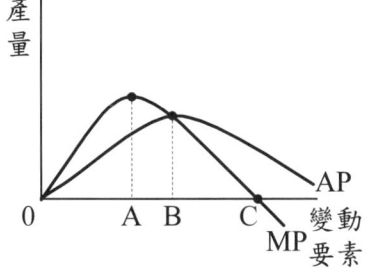

( )4. 已知生產過程僅使用三種生產因素A、B及C。廠商公佈生產技術為10單位A、20單位B和30單位C可生產100個X；而10單位A、22單位B與30單位C可生產120個X，請問生產因素B的邊際產出為？　(A)20　(B)2　(C)10　(D)15。　　[100統測]

( )5. 若MP為邊際產量，AP為平均產量，下列有關短期生產函數的敘述，何者錯誤？
(A)當AP開始遞減時，總產量才開始遞減
(B)當MP＜AP時，AP為遞減
(C)當MP為零時，總產量達到最大
(D)當MP＝AP時，AP達到最大值。　　[104統測]

( )6. 在短期間發生邊際報酬遞減現象，是因為：　(A)所有生產因素均可變動　(B)技術經常改變　(C)有些生產因素固定　(D)所有生產因素均固定。　　[94統測]

( )7. 有關生產三階段，以下何者有誤？　(A)第一階段的邊際產量（MP）均處於上升階段　(B)第二階段的邊際產量（MP）均處於下降階段　(C)第一階段的平均產量（AP）均處於上升階段　(D)第二階段的平均產量（AP）均處於下降階段。　　[105統測]

( )8. 下列敘述何者正確？　(A)AP遞減時，MP＜0　(B)TP最大時，AP＝0　(C)MP＞AP時，MP遞增　(D)MP＝AP時，AP最大。　　[89四技二專]

( )9. 關於邊際報酬遞減法則，下列敘述何者正確？　(A)在生產第二階段才開始發生邊際報酬遞減現象　(B)邊際產量大於平均產量時，不會發生邊際報酬遞減現象　(C)邊際產量大於零時，可能會發生負報酬現象　(D)邊際產量及平均產量均大於零，平均產量大於邊際產量，是合理的生產階段。　　[94統測補考]

( )10. 下表為某廠商所投入之勞動量與總產量兩者間之對應表，下列有關此表之敘述何者正確？
(A)勞動量小於6時，邊際產量必大於平均產量
(B)勞動量小於6時，邊際產量會持續上升
(C)勞動量等於4時，邊際產量等於平均產量
(D)勞動量等於5時，平均產量有最大值。　　[111統測]

總產量	4	12	21	28	33	36	36	32
勞動量	1	2	3	4	5	6	7	8

CH5　成本理論

1. **利潤公式**

   經濟利潤（π）＝總收益－會計成本－內含成本
   （超額利潤）　　　　　　　　　　　　　　

   總收益－會計成本＝會計利潤

   會計成本＋內含成本＝經濟成本

   內含成本＝正常利潤

2. **各種短期成本的關係**

內容	圖形	重要說明
各種成本曲線	（TC、TVC、TFC 曲線圖，標示 a、b、c 點與 Q_1, Q_2, Q_3）	• AC：為TC線上任何一點**與原點連線**的斜率 • MC：為TC線上任何一點**切線**的斜率
AC與 AFC、AVC	（MC、AC、AVC、AFC 曲線圖，標示 a'、b'、c' 點與 Q_1, Q_2, Q_3）	AC＝AFC＋AVC • 在AC最低點c'之前，AVC先↓後↑ 　(1) b'點之前：AVC↓ 　(2) b'點之後：AVC↑ • 在AVC最低點b'之後，AC先↓後↑ 　(1) c'點之前：AC↓ 　(2) c'點之後：AC↑
MC與AC（以**AC**為準）	（MC、AC 曲線圖）	• MC＜AC ⇔ AC下降 • **MC＝AC ⇔ AC最低** • MC＞AC ⇔ AC上升
MC與AVC（以**AVC**為準）	（MC、AVC 曲線圖）	• MC＜AVC ⇔ AVC下降 • **MC＝AVC ⇔ AVC最低** • MC＞AVC ⇔ AVC上升

3. **規模報酬與外部（不）經濟**

類別	規模報酬遞增 / 固定 / 遞減	外部經濟 / 外部不經濟
原因	**內部因素**變動	**外部因素**變動
意義	同一條LAC線上**點**的移動	LAC線**整條線**上下的移動
圖形	（LAC 曲線圖，標示規模報酬遞增、固定、遞減）	（LAC_1、LAC_2、LAC_3 三條曲線，LAC_3 為外部不經濟、LAC_2 為外部經濟）

搶分終點線

( )1. 下列有關長期平均成本LAC之敘述,何者正確? (A)外部經濟會使LAC隨產量增加而遞減 (B)固定成本增加會使LAC線往上移動 (C)規模報酬遞減會使LAC線往下移動 (D)廠商內部不利的因素會使LAC處於上升階段。 [111統測]

( )2. 經濟成本為下列哪兩項之和? (A)社會成本與外部成本 (B)外部成本與會計成本 (C)會計成本與正常利潤 (D)內含成本與外部成本。 [98統測]

( )3. 假設公司生產衣服,勞工為唯一變動生產因素,每日為生產98件衣服,需僱用6位勞工,且每位勞工每日工資為$2,000,求公司的平均變動成本為何? (A)$122.40 (B)$132.60 (C)$146.20 (D)$163.80。 [94統測]

( )4. 陳同學辭掉原本的工讀工作,開始創業批貨擺攤,每月的擺攤收入為50,000元,除批貨成本為45,000元之外,並無其他成本支出。原本擺攤前打工一個月的薪資所得為10,000元。陳同學批貨擺攤創業的每月利潤為: (A)會計利潤為 −5,000 元 (B)經濟利潤為10,000元 (C)經濟利潤為 −5,000 元 (D)會計利潤為15,000元。 [102統測]

( )5. 在短期之下,平均固定成本AFC會隨產量增加而:
(A)逐漸減少 (B)逐漸增加 (C)不變 (D)先遞減後遞增。 [105統測]

( )6. 若長期平均成本線(LAC)為一平滑的U字型曲線,而在LAC線的最低點時,會有下列何種情形?
(A)長期邊際成本大於長期平均成本 (B)長期邊際成本小於長期平均成本
(C)長期邊際成本等於長期平均成本 (D)短期平均成本小於長期平均成本。 [97統測]

( )7. 下列敘述何者正確? (A)生產函數表示在已知勞動數量下,廠商生產之最少產量 (B)一位勞工可生產5張椅子,而生產10張椅子時則須雇用3位以上勞工,此乃邊際報酬遞減現象 (C)如果廠商之經濟利潤為零,則表示該廠商應退出該產業 (D)廠商在長期可以變動所有生產因素,但卻無法改變其生產因素之組合。 [100統測]

( )8. 若其他條件不變下,某一廠商的長期生產過程中,出現每一種生產要素投入量都增加2倍,而產量只增加0.5倍時,此種產量增加比例小於所有生產要素增加比例的生產關係,稱為: (A)規模報酬遞減 (B)邊際替代率遞減 (C)邊際效用遞減 (D)邊際報酬遞減。 [96統測]

( )9. 所謂內部經濟(Internal Economy)是指:
(A)規模報酬遞增 (B)規模報酬遞減
(C)規模報酬固定 (D)長期平均成本線水平的部份。 [103統測]

( )10. 在短期下,若一廠商的產量(Q)、總成本(TC)、總變動成本(TVC)、平均成本(AC)、平均變動成本(AVC)、平均固定成本(AFC)之關係表如下表,則下列何者正確?
(A)$TC_1=700$,$AC_1=130$ (B)$TC_2=1,500$,$AVC_2=100$
(C)$TC_3=1,600$,$AFC_3=20$ (D)$TC_4=2,200$,$AC_4=88$。 [106統測]

Q	TC	TVC	AVC	AFC	AC
10	TC_1	TVC_1	70	AFC_1	AC_1
15	TC_2	900	AVC_2	AFC_2	AC_2
20	TC_3	1,000	50	AFC_3	80
25	TC_4	TVC_4	64	AFC_4	AC_4

CH6～9　四種市場類型的比較

比較項目	完全競爭（經濟效率最高）	獨占性競爭（目前最常見）	寡占	獨占
廠商家數	眾多	很多	二家以上至若干家	一家
產品性質	同質	異質	同質或異質	獨特
市場訊息	完全靈通	靈通但不完全	不靈通且不完全	完全不靈通
進入障礙	無	低	高	非常困難
廠商供給曲線	AVC最低點以上的MC線	無供給曲線		
廠商需求曲線	水平線 P＝AR＝MR	負斜率直線（較平坦） P＝AR＞MR	拗折需求曲線 P＝AR＞MR	負斜率直線（較陡直） P＝AR＞MR
價格決定	無決定權	稍有決定權	有大部分的決定權	有完全的決定權
短期均衡 條件	P＝MR＝MC	MR＝MC	依據MR＝MC，但在拗折點MR有缺口	MR＝MC
短期均衡 利潤	$\pi>0$（超額利潤）、$\pi=0$（正常利潤）、$\pi<0$（經濟損失）			
長期均衡 條件	P＝AR＝MR ＝SMC＝LMC ＝SAC＝LAC	P＝AR＞MR MR＝SMC＝LMC P＝AR＝SAC＝LAC	－	P＝AR＞MR MR＝SMC＝LMC P＝AR≥SAC＝LAC
長期均衡 利潤	$\pi=0$（正常利潤）		$\pi\geq0$（超額利潤或正常利潤）	
生產效率	達到最高（在LAC最低點生產）	較差（在LAC遞減處生產）		
資源分配效率	最佳（P＝MC）	不佳（P＞MC）		
社會福利	社會福利最大	有無謂損失		
訂價策略	一物一價（市場供需決定）	・利潤最大訂價法（MR＝MC） ・觀察同業情況	・平均成本加成訂價法 ・價格領導制	・獨占利潤訂價法（MR＝MC） ・最大收入訂價法（MR＝0） ・邊際成本訂價法（P＝MC） ・平均成本訂價法（P＝AC） ・差別訂價 $P_A(1-\frac{1}{E_A^d})=P_B(1-\frac{1}{E_B^d})$
創新能力	無	無	有	有
創新動力	無	有	有	無
行銷策略	不存在價格競爭與非價格競爭	價格競爭 非價格競爭		非價格競爭
所得分配	平均、公平	不平均、不公平		

搶分終點線

( )1. 若某完全競爭廠商之長期平均成本LAC與長期邊際成本LMC皆為U型曲線,該廠商達到長期均衡時之價格P＝150且數量Q＝300。若AR表平均收益,MR表邊際收益,在其他條件不變下,下列有關長期均衡下的敘述何者正確？ (A)在LAC之最低點時,MR＝AR＝LAC＞150 (B)當P＝150時,LAC＝LMC且經濟利潤大於零 (C)若P＝160時,廠商會擴大生產規模或會有新廠商加入此產業 (D)若Q＝250時,LAC＜LMC且經濟利潤小於零。 [111統測]

( )2. 若一完全競爭廠商,其產量(Q)、平均成本(AC)與邊際成本(MC)之關係如右表。下列敘述何者正確？
(A)市價為8時,此廠商有經濟損失
(B)市價為8時,此廠商有正常利潤
(C)市價為14時,此廠商有正常利潤
(D)市價為14時,此廠商有經濟損失。 [102統測]

產量(Q)	平均成本(AC)	邊際成本(MC)
10	10	6
15	8	8
20	12	14

( )3. 下列有關訂價的敘述,何者錯誤？ (A)第一級差別訂價會使消費者剩餘為零 (B)邊際成本訂價法為價格等於邊際成本 (C)第三級差別訂價會對需求價格彈性較小的市場訂價較高 (D)追求最大利潤的廠商,其訂價條件為邊際收入等於變動成本。 [98統測]

( )4. 下列有關獨占廠商的敘述,何者錯誤？ (A)獨占廠商沒有短期供給線 (B)短期下利潤一定大於零 (C)若其採完全差別訂價時,消費者剩餘將為零 (D)若其採第三級差別訂價時,對於需求價格彈性較小的市場,會採取較高的售價。 [104統測]

( )5. 下列有關寡占市場特性之敘述,何者正確？ (A)因價格訂定是採平均成本訂價法,故其價格具僵固性 (B)卡特爾(Cartel)組織並無法長期維持,乃是因易遭受消費者抵制所致 (C)廠商彼此間之競爭性與依賴性很高,且互相制衡 (D)跟漲不跟跌之價格競爭特性,是形成拗折需求線(kinked demand curve)之主因。 [101統測]

( )6. 獨占性競爭市場下的某一廠商,此廠商之長期平均成本線如右圖中之LAC線,則：
(A)此廠商所面對的需求線為水平線
(B)此廠商長期均衡下之經濟利潤大於零
(C)長期時此廠商的均衡產量小於LAC最低點之產量Q_1
(D)長期時此廠商的均衡產量等於LAC最低點之產量Q_1。 [96統測]

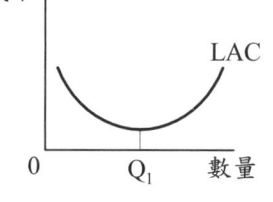

( )7. 若A財貨之產業需求線為負斜率,而此產業之甲廠商,其平均收入線為AR,而邊際收入線為MR,且AR＝MR,則其為哪一類型之廠商？
(A)完全競爭 (B)獨占性競爭 (C)寡占 (D)單一訂價的獨占。 [102統測]

( )8. 比較產品的完全競爭市場、獨占市場、及不完全競爭市場相似之處,下列敘述何者錯誤？ (A)不完全競爭廠商與獨占廠商所面對的市場需求曲線,斜率為負值 (B)四個市場的廠商追求利潤最大的條件皆為MR＝MC (C)完全競爭廠商與獨占廠商短期的供給曲線,皆為大於平均變動成本之邊際成本線 (D)三個市場的廠商達短期均衡時發生虧損,只要價格大於平均變動成本,皆不必歇業。 [93統測]

( )9. 為了降低公營獨占事業訂價所產生的社會損失,同時避免該事業出現虧損,可以採取下列何種訂價方法？(其中P＝價格、MR＝邊際收入、MC＝邊際成本、AC＝平均成本、AR＝平均收入) (A)P＝MR (B)P＝MC (C)P＝AC (D)P＝AR。 [103統測]

( )10. 在任何市場結構下,追求最大利潤的廠商,具有下列哪些共同現象？ ①短期均衡時,僅有正常利潤 ②長期均衡時,必定沒有虧損 ③採MR(邊際收益)＝MC(邊際成本)的定價方式 (A)①② (B)①③ (C)②③ (D)①②③。 [92統測]

CH10　分配理論

1. **功能性所得分配**
   根據**土地、勞動、資本、企業家才能**等生產要素，在生產過程中的貢獻程度來作分配；為經濟學研究的重點。

2. **所得分配不均度的測量方法**

衡量指標	判斷	圖形／公式
羅倫茲曲線（LC）	LC離「絕對平均線（對角線）」愈遠 ⇒ 所得分配愈不均	（如右圖）
吉尼係數（g）	$0 < g < 1$，值愈大 ⇒ 所得分配愈不均	$g = \dfrac{\text{羅倫茲曲線與絕對平均線所夾的半月形面積}}{\text{絕對平均線以下的三角形面積}}$
最高最低所得倍數	倍數愈大 ⇒ 所得分配愈不均	$\dfrac{\text{最高所得組所得占全國所得的百分比}}{\text{最低所得組所得占全國所得的百分比}}$

3. **生產要素之生產力的衡量**

理論	對生產者的意義	公式
邊際生產力理論	決定對a生產要素的需求量	$P_a = MRP_a$
邊際生產力均等法則	決定各種生產要素的最適組合	$\dfrac{MPP_a}{P_a} = \dfrac{MPP_b}{P_b} = \dfrac{MPP_c}{p_c} = \cdots = \dfrac{1}{MC_X}$

搶分終點線

( )1. 右圖為X、Y兩國的洛倫士曲線（Lorenz curve）。以下何者為真？
(A)X國所得分配為完全平均
(B)Y國的吉尼係數小於零
(C)Y國的吉尼係數較X國大
(D)Y國的所得分配較X國平均。 [102統測]

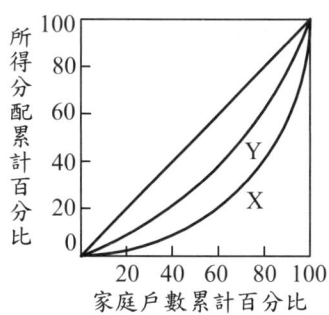

( )2. 下列何者不是測量所得分配不均程度的方式？ (A)洛倫士曲線（Lorenz Curve） (B)吉尼係數 (C)最高與最低所得差距的倍數 (D)所得彈性。 [101統測]

( )3. 下列何種情形表示所得分配愈不平均？ (A)洛倫士曲線（Lorenz Curve）愈靠近對角線 (B)吉尼係數由0.4提高至0.5 (C)最高組所得與最低組所得之倍數由6.34下降成為6.12 (D)經濟成長率由5%下降為3%。 [104統測]

( )4. 若一經濟體系逐漸進入M型社會，在經濟學上是指： (A)所得越來越少 (B)羅倫茲曲線越來越接近對角線 (C)最高與最低組所得相對倍數越來越小 (D)吉尼係數越來越接近1。 [98統測]

( )5. 廠商依據生產過程中各生產因素的貢獻，來分配相對的報酬，此種分配稱為：
(A)社會所得分配 (B)家庭所得分配 (C)個人所得分配 (D)功能性所得分配。 [94統測]

( )6. 我國近幾年家庭所得分配的吉尼係數愈來愈大，表示我國所得分配愈來
(A)愈平均 (B)愈不平均 (C)不變 (D)完全不平均。 [85保送甄試]

( )7. 若L表勞動，K表資本，MPP_L表勞動邊際生產力，MPP_K表資本邊際生產力，P_L表勞動價格，P_K表資本價格。當$(\frac{MPP_L}{P_L}) > (\frac{MPP_K}{P_K})$，為使兩者達到相等，生產者可使用哪一種調整方式？ (A)增加L使用量 (B)增加K使用量 (C)同時增加L及K的使用量 (D)同時減少L及K的使用量。 [95統測]

( )8. 一家廠商在完全競爭因素市場，僱用兩種生產因素X與Y，生產產品A，且將它賣於完全競爭產品市場。如果X與Y的邊際實物產量分別為6與4，同時，X與Y的單位價格分別為18元與12元。在追求利潤最大化下，這家廠商達均衡時，產品A的單位價格應為多少元？ (A)0.5 (B)0.67 (C)3 (D)5。 [93統測]

( )9. 每增加一單位生產要素的投入所增加的貨幣收入稱為：
(A)邊際產量收益（Marginal Revenue Product, MRP）
(B)邊際收益（Marginal Revenue, MR）
(C)邊際產量（Marginal Product, MP）
(D)邊際效用（Marginal Utility, MU）。 [105統測]

( )10. 若財貨A之生產要素之一為X，而Y為X之替代性生產要素。若MP_X為X之邊際產量，P_A為財貨A之價格，而P_X為生產要素X的價格、P_Y為生產要素Y的價格。下列敘述何者正確？
(A)若X生產力提高時，不會影響對於X之需求
(B)若$MP_X = 20$，且$P_A = 10$，則X的邊際產值為200
(C)若P_A上升時，對於X的需求會減少
(D)若P_Y上升時，對於X的需求會減少。 [110統測]

CH11　工資與地租

1. 勞動力、勞動參與率、勞動生產力

指標	勞動力	勞動參與率	勞動生產力
意義	15足歲以上，有工作能力及工作意願的民間人口	$\dfrac{勞動力}{15足歲以上的民間人口} \times 100\%$	$\dfrac{總產量}{勞動投入量} = 平均產量$
衡量角度	勞動**數量**（重「量」的測量）	勞動**意願**	生產效率（重「質」的測量）

2. 後彎的個別勞動供給曲線

工資率	替代效果與所得效果	個別S_L形狀	圖形
$W < W_2$	**替代效果**＞所得效果 ⇒勞動者工作↑，休閒↓	**正**斜率	（圖形：個別S_L曲線，W_1對應a點，W_2對應b點，W_3對應c點；W_3處所得效果＞替代效果，W_1處替代效果＞所得效果）
$W > W_2$	**所得效果**＞替代效果 ⇒勞動者工作↓，休閒↑	**負**斜率（即後彎曲線）	

3. 地租學說

學說	主張
稀少地租說	**古典學派**認為：土地的供給固定，相對於需求具有稀少性，故產生地租；地租的大小決定於土地需求的強弱
差額地租說	**李嘉圖**認為：由於各級土地的所在位置及肥沃度不同，因此各級土地的收益會有所不同，因而造成地租差異

4. 地租、準租與經濟租

種類	說明
地租	**土地**的使用價格
準租	短期內使用**固定資本財**所能得到的報酬（**準租在長期不存在**）
經濟租	生產要素「**實際得到的報酬**」超過其「**所要求的最低報酬**」之差額

搶分終點線

( )1. 某甲2003年大學畢業時起薪為20,000元，到2013年薪水調為63,000元；而在此段期間物價水準上漲了40%，請問相較於2003年，2013年某甲之實質薪資增加多少元？
(A)25,000元　(B)29,642元　(C)35,000元　(D)43,000元。　　　　　　　　[102統測]

( )2. 最近物價上漲，工會要求政府提高基本薪資。當工資上漲時，下列敘述何者正確？
(A)工資上漲，休閒的機會成本提高，勞動者會犧牲休閒，增加工作時間，稱為所得效果
(B)工資上漲，勞動所得增加，勞動者工作意願下降，而增加休閒時間，稱為替代效果
(C)若替代效果大於所得效果，勞動者會增加工作時間，勞動供給曲線為正斜率
(D)若替代效果小於所得效果，勞動者會減少工作時間，勞動供給曲線為負斜率，稱為前彎的勞動供給曲線。　　　　　　　　[100統測]

( )3. 下列哪一項目計入我國勞動力？
(A)失業人口　　　　　　　　　(B)70歲已退休的人口
(C)15歲以上在學人口　　　　　(D)未滿15歲人口。　　　　　　　　[99統測]

( )4. 下列何者是為經濟租的部份？
(A)生產者的正常利潤　　　　　(B)生產者的機會成本
(C)生產者的剩餘　　　　　　　(D)生產者的總收益。　　　　　　　　[88保送甄試]

( )5. 勞動市場若存在補償性工資差異，請問會是什麼原因造成？
(A)工作能力及經驗不同　　　　(B)地區或職業之間勞動力的流動困難
(C)市場供需產生調整　　　　　(D)工作環境或條件不同。　　　　　　[95統測]

( )6. 假設銀行業勞動市場的勞動供給具完全彈性，為減少僱用員工，以自動櫃員機代替人工，勞動市場將發生何種現象？
(A)工資率不變及員工僱用量減少
(B)工資率及員工僱用量均增加
(C)工資率及員工僱用量均減少
(D)工資率下降及員工僱用量不變。　　　　　　　　[94統測]

( )7. 某國失業人口為90萬人，就業人口為810萬人，15足歲以上民間人口為1,200萬人，總人口為1,800萬人。該國的勞動參與率為：
(A)11%　(B)50%　(C)67.5%　(D)75%。　　　　　　　　[103統測]

( )8. 關於地租的敘述，下列何者錯誤？
(A)李嘉圖提出差額地租理論
(B)差額地租理論認為地租是一種成本，而非剩餘
(C)站在個人觀點，地租是成本；站在社會觀點，地租是剩餘
(D)地租與地價成正比。　　　　　　　　[89推薦甄試]

( )9. 下列有關勞動與失業之敘述，何者正確？
(A)若政府訂定的最低工資高於市場均衡工資，將造成勞動市場供不應求
(B)某乙在自家商店每週工作20小時但不支薪，某乙為失業人口
(C)若勞動生產力為8而勞動投入量400，則總產量為50
(D)當工資率上升時，替代效果會使勞動者的休閒減少。　　　　　　　　[110統測改編]

( )10. 火車站旁的私有空地，經承租人以每月20萬元的代價承租經營計時停車場，若市場年利率為5%，請問土地價格為多少萬元？
(A)400　(B)2,400　(C)4,800　(D)9,600。　　　　　　　　[103統測]

CH12　利息與利潤

1. 利息學說

學說	倡導者	主張
忍慾說	古典學派 辛尼爾	利息是為了累積財富而**克制目前消費享受**所得的報酬
時間偏好說	奧地利學派 龐巴衛克	利息是**放棄目前持有商品**所得的報酬
迂迴生產說	奧地利學派 龐巴衛克	利息是**借入資金購買機器設備從事迂迴生產**所需支付給資本主的報酬
邊際生產力說	美國經濟學者 大克拉克	利息的大小決定於**資本的邊際生產力**

2. 均衡利率的決定

學說	倡導者	主張
投資儲蓄說	古典學派	• 投資I是利率i的減函數 • 儲蓄S是利率i的增函數 • I＝S時，決定出均衡利率i^*
可貸資金說	新古典學派	• 可貸資金供給F_s是利率i的增函數 • 可貸資金需求F_d是利率i的減函數 • $F_s＝F_d$時，決定出均衡利率i^*
流動性偏好理論	凱因斯	• 利率由**貨幣供需**決定 • 貨幣供給由央行決定（為固定值） • 貨幣需求受**交易**、**預防**及**投機**等三大動機的影響

3. 利潤學說

學說	倡導者	主張
獨占說	秦伯霖 羅賓遜夫人	利潤是**獨占廠商的超額利潤**
風險說	奈特	利潤是企業家在生產過程中**承擔風險**的報酬
剝削說	馬克斯	利潤是企業家**剝削勞工生產剩餘價值**的所得
創新說	**熊彼得**	利潤是企業家在**動態社會**中從事**創新活動**的報酬

搶分終點線

( )1. 下列有關利率的敘述，何者正確？
(A)小明規劃在台中設廠投資，根據投資儲蓄說，在其他條件不變下，其投資金額會與利率呈反向關係
(B)小華今年購買財貨的偏好程度較去年來得低，根據時間偏好說，小華今年要求的利率比去年高
(C)目前銀行定期存款的利率是1%，預期物價上漲率3%，則銀行定期存款的實質利率為4%
(D)小言因為要買彩券而握持貨幣，此即為流動性偏好理論的投機動機，該動機的貨幣需求會與利率呈正向關係。 [111統測]

( )2. 假設銀行一年定期存款利率為1.5%，預期物價上漲率為3.5%，則將一萬元存入銀行一年後，下列敘述何者不正確？ (A)一年後本利和為10,150元 (B)實質利率為2% (C)名目利率為1.5% (D)一年後實質購買力大約相當於現在的9,800元。 [100統測]

( )3. 在其他條件不變的情況下，下列有關利率的敘述，何者正確？
(A)利率上升時，投資會增加 (B)利率下跌時，儲蓄會增加
(C)投資與利率呈反向變動的關係 (D)利率與儲蓄呈反向變動的關係。 [99統測]

( )4. 實質利率為5%，而通貨膨脹率為2%，則名目利率為多少？
(A)2.5% (B)3% (C)5% (D)7%。 [98統測]

( )5. 下列敘述，何者正確？
(A)當勞動者所面對的工資率上升時，其所產生的替代效果會使勞動者增加工作時數
(B)新古典學派認為，利率是由貨幣的供給與需求來決定
(C)就個別生產者而言，地租是一種剩餘的概念
(D)在短期下，若生產要素的需求較缺乏彈性時，則容易產生準租。 [92統測]

( )6. 有關利潤的敘述，下列何者為正確？
(A)奈特（Frank H. Knight）曾提出獨占廠商才存在經濟利潤的觀點
(B)利潤是在生產前已決定，屬於前定所得
(C)利潤可促進經濟成長，增加就業機會
(D)利潤可由邊際生產力決定。 [95統測]

( )7. 下列有關利率與利潤的敘述，有哪些是正確的？
①利潤是一種不確定的所得
②利潤的風險負擔說為奈特（Knight）所主張
③生產過程愈迂迴，則利率將愈低
④名目利率＝實質利率－通貨膨脹率
(A)①② (B)①③ (C)③④ (D)②③④。 [91統測]

( )8. 已知某甲將現金200萬元借給某乙一年，一年後獲得利息10萬元。請問此一筆借款的年利率為多少？ (A)10% (B)4.2% (C)5% (D)2.5%。 [102統測]

( )9. 有關利潤發生的原因，認為利潤是企業家在生產過程中承擔風險之報酬的是下列哪位學者？ (A)秦伯霖（E. Chamberlin） (B)奈特（F. Knight） (C)馬克思（K. Marx）(D)熊彼得（J. Schumpeter）。 [103統測]

( )10. 下列有關生產要素的敘述，何者正確？
(A)若預期物價上漲率大於實質利率時，則名目利率為負
(B)利潤為不確定所得，且無法由邊際生產力決定
(C)若某塊土地價格為2,400萬、年利率為2%，則此土地每個月地租為48萬
(D)若預期物價上漲率由1%提高為1.5%，而名目利率調升2碼，則實質利率會下跌。 [110統測]

CH13 國民所得

1. 國內生產毛額（GDP）與國民所得毛額（GNI）

GNI＝GDP＋國外要素所得淨額*

*國外要素所得淨額＝本國生產要素在外國的所得－外國生產要素在本國的所得

2. 應計入與不計入 GDP 的項目

計入GDP	不計入GDP
1. 透過市場交易的價值	1. 未透過市場交易的價值
2. 未透過市場交易但仍應計入（如：自用住宅的設算租金、農民生產留供自用的農產品）	2. 地下經濟活動（如：毒品交易、槍械買賣）
3. 一國境內全體人民創造的總產值（如：本國及外國人民在本國的所得、本國及外資企業在本國的營利所得）	3. 本國要素在國外的所得（如：本國人民在外國的所得、本國企業在外國的營利所得）
4. 本期生產的最終產品與勞務（如：本期二手貨交易的佣金收入）	4. 非本期生產的最終產品與勞務（如古董、土地、往年生產但本期賣出之產品、二手貨的交易金額）
5. 消費支出（如：家計部門對產品與勞務的消費支出、政府實質的購買性消費支出）	5. 政府的移轉性支付（如：補助金、救濟金、退休金、撫卹金、獎學金）
6. 實質投資（如：新建築物、新購資本財、新增存貨、政府興建之基本建設）	6. 公債利息
7. 證券交易（如：新上市證券的交易金額、證券交易的手續費與佣金收入）	7. 證券交易（如：已上市證券的交易金額與利得）

3. 國民所得會計帳

  國內生產毛額GDP
＋ 國外要素所得淨額

  國民所得毛額GNI
－ 折舊（投資毛額I_g－投資淨額I_n）

  國民所得淨額NNI
－ 生產及進口稅淨額（生產及進口稅－補貼）

  國民所得NI
－ 勞而不獲（公司未分配盈餘、營利事業所得稅、法定公積金等）
＋ 不勞而獲（移轉性支付、公債利息等）

  個人所得PI
－ 非消費性支出（社會保險費、個人直接稅等）

  可支配所得DI
－ 消費支出C

  儲蓄S

搶分終點線

( ) 1. 假設甲國於2020年之最終財貨與勞務之支出金額如下：民間消費支出為500億，投資支出為300億，政府消費支出為200億，出口為150億，進口為50億，固定資本形成毛額250億，政府移轉性支付為20億。下列有關甲國2020年之相關敘述，何者正確？ (A)GDP為1,100億 (B)存貨減少50億 (C)有貿易逆差 (D)政府消費支出200億中包含移轉性支出的20億。 [111統測]

( ) 2. 政府提供的失業救濟金，屬於哪一種政府支出？
(A)資本性支出 (B)債務支出 (C)移轉性支出 (D)一般政務支出。 [98統測]

( ) 3. 在計算國內生產毛額時，下列哪一項應列入計算？
(A)退休年金 (B)失業救濟金 (C)災難救助金 (D)政府消費支出。 [95統測]

( ) 4. 以一國生產之最終產品與勞務市價總和計算出國內生產毛額，是以下列何種方式所求算的？ (A)支出面法 (B)需求面法 (C)生產面法 (D)所得面法。 [103統測]

( ) 5. 下列有關國內生產毛額（GDP）與國民所得毛額（GNI）的敘述，何者有誤？
(A)GNI是指一國的常住居民，在一定期間內提供生產要素從事生產，所得到的所得總值
(B)GNI＝GDP＋國外要素所得淨額
(C)GDP是屬於流量的概念
(D)證券交易的手續費不列入當年的GDP。 [101統測改編]

( ) 6. 若A國在2011年、2012年人口數分別為4,500人與5,000人，假設A國只生產文具和鞋子兩種商品，其產量與價格如右表所示。若以2011年為基期，請問A國之2012年平均每人實質國內生產毛額為：
(A)375 (B)416.7 (C)430 (D)505。 [102統測]

產品名稱	文具		鞋子	
項目＼年	價格	數量	價格	數量
2011年	25	15,000	300	5,000
2012年	30	20,000	350	5,500

( ) 7. 假設某一國家當年度的國民所得會計帳資料如下：工資250億元，地租350億元，利息200億元，利潤220億元，企業間接稅淨額50億元，折舊80億元，國外要素所得淨額40億元。下列何者不正確？
(A)國民所得（NI）為1,020億元
(B)國內生產毛額（GDP）為990億元
(C)國民所得毛額（GNI）為1,150億元
(D)國民所得淨額（NNI）為1,070億元。 [100統測改編]

( ) 8. 假設A國2008年統計資料如下：民間消費580億元，政府支出400億元，國內投資淨額700億元，國內投資毛額920億元，進口360億元，出口300億元，間接稅淨額100億元，政府補貼50億元，則A國2008年的GDP為多少？
(A)1,840億元 (B)1,620億元 (C)1,990億元 (D)2,110億元。 [99統測]

( ) 9. 若某國2005年國民所得（NI）為400，間接稅為30，折舊為20，則國民所得毛額（GNI）為： (A)350 (B)370 (C)430 (D)450。 [96統測改編]

( ) 10. 我國民間團體邀請長期在菲律賓職業球隊效力之美籍明星球員A君於2015年來台灣，指導小學球隊5天並支付其工作酬勞。A君之該筆收入應列入以下何者計算？
(A)我國之國民所得毛額（GNI） (B)美國之國內生產毛額（GDP）
(C)我國之國內生產毛額（GDP） (D)菲律賓之國內生產毛額（GDP）。 [105統測改編]

CH14 所得水準的決定

1. 消費函數與消費傾向

函數形式	$C = a + bY_d$	C：民間消費支出　　　　a：自發性消費 b：邊際消費傾向（MPC） Y_d：可支配所得　　　　bY_d：誘發性消費
平均消費傾向（APC）	● 每一單位可支配所得中，用於消費的比例 ● $Y_d \uparrow \Rightarrow APC \downarrow$	
邊際消費傾向（MPC）	● 每增加或減少一單位的可支配所得，所引起消費變動的數量 ● MPC為固定值，且 $0 < MPC < 1$	
消費傾向關係	APC＞MPC	

相加等於1

2. 儲蓄函數與儲蓄傾向

函數形式	$S = -a + (1-b)Y_d$	$-a$：負儲蓄　　$1-b$：邊際儲蓄傾向（MPS）
平均儲蓄傾向（APS）	● 每一單位可支配所得中，用於儲蓄的比例 ● $Y_d \uparrow \Rightarrow APS \uparrow$	
邊際儲蓄傾向（MPS）	● 每增加或減少一單位的可支配所得，所引起儲蓄變動的數量 ● MPS為固定值，且 $0 < MPS < 1$	
儲蓄傾向關係	APS＜MPS	

相加等於1

3. 乘數原理與加速原理

(1) 乘數原理（凱因斯）：**自發性支出**變動會引起**均衡所得**呈倍數變動。

(2) 加速原理（小克拉克）：**國民所得**變動會引起**淨投資**呈倍數變動。

4. 加入政府部門之凱因斯模型的乘數公式

模型	乘數	公式
$\begin{cases} Y = C + I + G \\ C = a + b(Y-T) \\ I = I_0 \\ G = G_0 \\ T = T_0（定額稅）\end{cases}$	投資乘數 K_I	$\dfrac{1}{1-b}$
	政府支出乘數 K_G	$\dfrac{1}{1-b}$
	政府租稅乘數 K_T	$\dfrac{-b}{1-b}$
	平衡預算乘數 K_B	$K_B = K_G + K_T = 1$

5. 膨脹缺口與緊縮缺口

比較項目	膨脹缺口	緊縮缺口
社會有效需求	過多	不足
Y_e與Y_f的關係	$Y_e > Y_f$ （實際均衡所得＞充分就業均衡所得）	$Y_e < Y_f$ （實際均衡所得＜充分就業均衡所得）
解決對策	**緊縮性政策**	**擴張性政策**

搶分終點線

( )1. 在包含政府部門的凱因斯模型中，若消費函數 $C=a+b \times Y_d$，$Y_d=Y-T$，C為消費、Y_d為可支配所得、Y為所得、T為租稅、I為投資、G為政府支出、Y_f為充分就業所得、MPC為邊際消費傾向、MPS為邊際儲蓄傾向。下列敘述何者正確？
(A)若MPS＝0.2，則投資乘數為1.25
(B)已知I＝30、G＝10、T＝20且均衡所得＝520，若a＝180，則政府支出乘數為2
(C)若a＝50、b＝0.8、I＝20、G＝10、T＝10、Y_f＝400，則膨脹缺口為8
(D)若Y_f＝720、均衡所得＝800、MPC＝0.8時，租稅增加20可達到充分就業。 [110統測]

( )2. 假設消費函數為 $C=1,500+0.75Y_d$，其中C為消費，Y_d為可支配所得，若Y_d增加100時，則儲蓄會增加多少？　(A)100　(B)1,575　(C)25　(D)75。 [104統測]

( )3. 下列敘述，何者錯誤？　(A)因所得變動而導致消費量的改變，此種變動屬誘發性消費　(B)在凱因斯（Keynes）的消費函數中，邊際消費傾向一定不大於平均消費傾向　(C)社會的所得分配愈平均，整體平均的消費傾向會愈高　(D)在充分就業的經濟社會中，儲蓄的增加會產生節儉矛盾（paradox of thrift）的現象。 [92統測]

( )4. 若一封閉之總體經濟模型如下：$Y=C+I+G$，$C=500+0.5(Y-T)$，$I=500$，$G=100$，$T=200$，其中Y為所得、C為消費、I為投資、G為政府支出、T為政府租稅。以下對於此經濟體系之敘述，何者正確？　(A)均衡所得1,000　(B)自發性支出乘數為5　(C)若充分就業所得為1,000，則有緊縮缺口500　(D)若政府支出由100增加至200時，則均衡所得會增加200。 [102統測]

( )5. 在簡單的凱因斯模型中，$Y=C+I$，其中Y為所得，C為消費，I為投資，若儲蓄函數 $S=-50+0.2Y$，$I=50$，則均衡所得為：　(A)50　(B)200　(C)400　(D)500。 [96統測]

( )6. 假設簡單凱因斯所得決定模型為：$Y=C+I+G$，$C=40+0.8(Y-T)$，$I=20$，$G=10$，$T=10$，其中，Y＝所得，C＝消費，I＝投資，G＝政府支出，T＝政府租稅，下列敘述何者錯誤？　(A)均衡所得為310　(B)投資乘數為5　(C)政府租稅乘數為－5　(D)政府支出與租稅等量增加下的平衡預算乘數為1。 [93統測]

( )7. 某國消費函數為 $C=1,000+0.25Y_d$，式中C為消費，Y_d為可支配所得，若$Y_d=1,600$，則平均消費傾向（average propensity to consume，APC）與邊際消費傾向（marginal propensity to consume，MPC）分別是多少？
(A)APC＝0.875，MPC＝0.75
(B)APC＝0.625，MPC＝0.75
(C)APC＝0.875，MPC＝0.25
(D)APC＝0.625，MPC＝0.25。 [102統測]

( )8. 在無政府及國外部門的簡單凱恩斯模型中，$Y=C+I$，其中C為消費支出，Y為所得，I為投資支出。假設 $C=100+0.8Y$，$I=100$，若充分就業所得為800，則下列有關此經濟體系之敘述何者正確？
(A)有膨脹缺口　(B)均衡所得為2,000　(C)有緊縮缺口　(D)均衡所得為600。 [97統測]

( )9. 若一簡單的凱因斯模型中，$Y=C+I$，$C=a+bY$，其中b為邊際消費傾向，C為消費，I為投資，Y為所得。假設此經濟體系充分就業所得為100，則下列敘述何者正確？
(A)若b＝0.75且膨脹缺口為50時，則均衡所得為200
(B)若b＝0.8且膨脹缺口為50時，均衡所得為250
(C)若b＝0.75且緊縮缺口為10時，則均衡所得為60
(D)若b＝0.8且緊縮缺口為10時，則均衡所得為150。 [104統測]

( )10. 假設一總體經濟體系的總體模型為（單元：億元）：$Y=C+I+G$，$C=40+0.8(Y-T)$，$I=20$，$G=10$，$T=10$。若充分就業的所得水準是300，則下列何者正確？
(A)經濟社會出現緊縮缺口
(B)此缺口是10億元
(C)自發性投資乘數是4
(D)平衡預算乘數等於1。 [88保送甄試]

CH15 貨幣與金融

1. 我國貨幣供給量統計

M_{1A}	通貨淨額＋支票存款＋活期存款
M_{1B}	M_{1A}＋活期儲蓄存款
M_2	M_{1B}＋準貨幣*

*準貨幣＝郵政儲金＋定期存款＋定期儲蓄存款＋外匯存款＋外國人持有之新台幣存款＋其他項目

2. 流動性偏好

曲線名稱	圖形	重要說明
流動性偏好曲線（凱因斯提出）	（圖形：縱軸 i，橫軸 M，曲線 M^d，三條垂直供給線 M_0^S、M_1^S、M_2^S，對應點 E_0、E_1、E_2，E_1到E_2為流動性陷阱水平段）	1. 流動性陷阱：當利率極低時（i_1），人們寧願保有現金（貨幣需求彈性無限大），M^d為水平線階段 ⇒ 此時不論M^S如何變動，i都不變 2. 在流動性陷阱階段，採財政政策才能影響 i ⇒ 凱因斯強調財政政策的有效性

3. 現金交易說與現金餘額說

比較項目	現金交易說（古典學派）	現金餘額說（新古典學派）
倡導者	費雪	馬歇爾、皮古、羅伯遜
分析面向	貨幣**供給**面	貨幣**需求**面
方程式	$MV=PT$（或$MV=Py$）	$M^d=kPy$　　$k=\dfrac{1}{V}$
強調的貨幣功能	交易媒介	價值儲藏
M與P的關係	同向、同比例變動	

4. 存款貨幣創造的相關公式

貨幣乘數	$K_M = \dfrac{1}{\text{法定準備率} R}$
創造的存款貨幣	原始存款$\times \dfrac{1}{\text{法定準備率} R}$＝原始存款$\times$貨幣乘數$K_M$
引申存款	創造的存款貨幣－原始存款

5. 中央銀行的貨幣政策

貨幣政策工具	擴張性貨幣政策	緊縮性貨幣政策
法定存款準備率	調**降**	調**升**
重貼現率	調**降**	調**升**
公開市場操作	**買**入債券	**賣**出債券

搶分終點線

( )1. 下列有關貨幣與金融的敘述，何者正確？
(A)A公司存入甲銀行100萬元，若可創造出引申性存款增加400萬元，則貨幣乘數為5
(B)中央銀行將法定準備率由11%調降為9%時，會使貨幣乘數變小
(C)調整存款準備率為一種選擇性信用管制的貨幣政策
(D)銀行與保險公司皆是貨幣機構。 [111統測]

( )2. 下列有關凱因斯主張貨幣需求之動機的敘述，何者錯誤？
(A)交易動機所需的貨幣數量，會因所得提高而增加
(B)交易動機所需的貨幣數量，會因利率提高而減少
(C)預防動機所需的貨幣數量，會因所得提高而增加
(D)投機動機所需的貨幣數量，會因利率提高而減少。 [99統測]

( )3. 若一經濟體系正處在流動性陷阱時，則下列敘述何者正確？
(A)貨幣供給的利率彈性無窮大
(B)貨幣需求的利率彈性無窮大
(C)貨幣供給增加利率會上升
(D)此時政府採用擴張的貨幣政策必能降低物價。 [102統測]

( )4. 下列有關凱因斯（Keynes）流動性偏好之貨幣需求理論的敘述，何者錯誤？
(A)所得愈高，貨幣需求會愈多
(B)物價愈高，貨幣需求會愈少
(C)利率愈低，貨幣需求會愈多
(D)當發生流動性陷阱時，貨幣需求的利率彈性會趨近於無窮大。 [91統測]

( )5. 費雪（Irving Fisher）強調貨幣之交易媒介功能，並提出交易方程式，其中M：貨幣數量、P：物價水準、V：貨幣流通速度、T：總產出、K：人們手中握有的貨幣總額占總所得的比例。下列何者正確？
(A)MP＝VT (B)MT＝PV (C)MK＝VT (D)MV＝PT。 [101統測]

( )6. 下列何者是提高法定存款準備率最可能發生的結果？
(A)貨幣乘數縮小 (B)貨幣供給量增加 (C)利率下跌 (D)貨幣需求減少。 [103統測]

( )7. 我國為解決此次全球金融風暴引發經濟不景氣的問題，曾採用的政策何者為貨幣政策？
(A)發放消費券 (B)增加公家機構之短期約聘人員
(C)降低利率 (D)提供失業給付。 [98統測]

( )8. 如果社會大眾因為看好股票市場投資，而紛紛將定期存款解約轉成活期儲蓄存款，伺機等待進場投資股票，這時的各類貨幣供給額將如何改變？
(A)M_2增加 (B)M_{1B}增加 (C)M_{1A}增加 (D)準貨幣數量不變。 [100統測]

( )9. 若銀行吸收的原始存款為100萬，法定存款準備率為5%，假設無現金流失也無超額準備，則下列敘述何者正確？
(A)貨幣乘數為10
(B)可創造存款貨幣總額為2,000萬
(C)可創造引申存款總額為1,000萬
(D)若中央銀行將法定準備率由5%提高至10%，此為寬鬆的貨幣政策。 [104統測]

( )10. 下列何者為提供一年以上中、長期有價證券交易的市場？
(A)貨幣市場 (B)資本市場 (C)勞動市場 (D)同業拆款市場。 [98統測]

CH16　政府

1. **造成市場失靈的原因與對策**

原因	說明	政府對策
自然獨占	自然獨占廠商通常會最大利潤訂價法（MR＝MC），造成社會無謂損失	由政府經營自然獨占事業
外部性	• 社會的外部利益偏低 • 社會的外部成本偏高	• 補貼外部利益提供者 • 直接管制外部成本製造者或對其課稅
公共財	搭便車（Free Rider）問題使得民間廠商不願生產公共財	由政府生產或提供公共財
訊息不對稱	交易雙方所擁有的資訊不對稱	由政府制定規範

2. **財貨類型的判別**

	獨享性	共享性
可排他性	純私有財 （麵包、牛奶、自家房屋、私家轎車）	準公共財 （有線電視、付費高速公路、高鐵、捷運系統）
不可排他性	準私有財 （愛心傘、百貨公司的廁所）	純公共財 （司法、消防、路燈、燈塔、堤防）

3. **政府的主要財政收入來源**
   (1) 租稅收入（政府最主要收入來源）
   (2) 規費收入
   (3) 財產收入
   (4) 營業盈餘及事業收入
   (5) 罰款及賠償收入
   (6) 捐獻及贈與收入
   (7) 其他收入

4. **政府的財政政策**

財政政策	擴張性財政政策	緊縮性財政政策
政府支出	增加	減少
稅收	減少	增加

搶分終點線

( )1. 下列敘述何者錯誤？
(A)財貨若具有排他性時，會形成「搭便車」的現象
(B)「逆選擇」的問題是產生在契約成立前
(C)「道德危機」的問題是產生在契約成立後
(D)「資訊不對稱」與「外部性」皆是市場失靈的原因之一。 [107統測]

( )2. 工廠排放未處理完全的污水，會增加何種成本？
(A)經濟成本 (B)內含成本 (C)外露成本 (D)外部成本。 [101統測]

( )3. 下列何者不是政府介入自由經濟的適當原因？
(A)處理外部性的問題　　　　　(B)稅收不足
(C)經營自然獨占的產業　　　　(D)公共財的提供。 [100統測]

( )4. 市場失靈會使經濟社會無效率，而下列哪一個是造成市場失靈的原因？
(A)機會成本高　　　　　　　　(B)替代效果的存在
(C)資源有限　　　　　　　　　(D)資訊不對稱。 [99統測]

( )5. 中華電信所提供的MOD數位電視服務是屬於何種財貨？
(A)純公共財　　　　　　　　　(B)準公共財
(C)純私有財　　　　　　　　　(D)準私有財。 [101統測]

( )6. 公共財具有不論是否付費皆能享用的特性，因此消費者會隱瞞其對公共財的需求，此種只想坐享其成而不願付費的現象稱為：
(A)無排他性 (B)搭便車 (C)敵對性 (D)邊際利益。 [98統測]

( )7. 行政院於民國100年6月1日起正式施行「特種貨物及勞務稅條例」（俗稱奢侈稅），新台幣300萬元以上特定高額消費貨物，及兩年內轉手的非自用房屋和土地等須課稅，此為政府扮演何種角色？
(A)法律與標準的制定者
(B)經濟公平的維護者
(C)經濟穩定的維持者
(D)市場失靈現象的消除者。 [101統測]

( )8. 政府為了改善人民生活環境或企業投資環境，進行各項公共建設，如興建捷運、建設公園綠地等，這種支出是屬於政府哪一類支出？
(A)消耗性支出　　　　　　　　(B)資本性支出
(C)移轉性支出　　　　　　　　(D)公債利息支出。 [100統測]

( )9. 下列敘述何者正確？
(A)公共選擇理論是由凱因斯所提出
(B)準公共財具有「共享性」與「可排他性」
(C)增加政府支出為擴張性貨幣政策
(D)中央銀行可藉由財政政策來影響經濟景氣。 [108統測]

( )10. 以下何者屬於競租（rent seeking）行為？
(A)知名畫家梵谷畫作拍賣，因買家踴躍競標，成交金額創新高
(B)某企業宣布新型節能個人載具即將量產上市，相關產業股價上揚
(C)某團體向政府官員施壓行賄，保障其專屬獨享利益
(D)地方政府舉辦春季露天演唱會，以聚集觀光客增加地方收入。 [105統測]

CH17　國際貿易與國際金融

1. 絕對利益法則與比較利益法則

比較項目	絕對利益法則	比較利益法則
提出者	亞當斯密	李嘉圖
主張	各國應生產具**絕對利益**的產品	**優勢國**應生產**優勢較大**的產品 **劣勢國**應生產**劣勢較小**的產品

2. 國際投資方式

類型	直接投資（FDI）	間接投資
主控權	對被投資企業有**高度主控權**	對被投資企業**無實際主控權**
說明	• 取得他國企業所有權與管理權的投資活動 • 此類海外資金可稱為**冷錢**	• 證券投資（FPI） • 貸款（FOI）

3. 匯率的表示方式

項目	應付匯率	應收匯率
別稱	支付匯率、**直接**匯率	收入匯率、**間接**匯率
說明	以**本國貨幣**來表示外國貨幣的價值	以外國貨幣來表示**本國貨幣**的價值

4. 匯率變動對貨幣、進出口的影響

匯率變動	匯率上升	匯率下降
貨幣升貶	**本國貨幣貶值**（外國貨幣升值）	**本國貨幣升值**（外國貨幣貶值）
對進出口的影響	對本國**出口有利**，進口不利	對本國出口不利，**進口有利**

5. 國際經貿組織與區域經濟整合

組織	簡稱	會員數	台灣加入與否	重要性
世界貿易組織	WTO	164國	**會員國**	**經貿聯合國**，為目前世界上最重要、最龐大的國際經貿組織
經濟合作暨發展組織	OECD	38國	觀察員	**智庫**、非學術性大學，扮演國際經濟與社會事務論壇的角色
亞太經濟合作會議	APEC	21經濟體	**會員經濟體**	台灣加入**最具官方代表性**（擁有**完整會員資格**）的國際組織
歐洲聯盟	EU	27國	✗	目前世界上**經濟整合程度最高**的區域經濟組織
北美自由貿易協定	NAFTA	3國	✗	目前世界上**最大的自由貿易區**
美洲自由貿易區	FTAA	34國	✗	被視為NAFTA的擴展目前尚未正式成立
東南亞國家協會	ASEAN	10國	✗	東協加一、東協加三、東協加六、成立東協經濟共和體AEC、簽署區域全面經濟夥伴協定RCEP
跨太平洋夥伴全面進步協定	CPTPP	11國	申請加入中	自由貿易區規模僅次於EU及NAFTA

搶分終點線

( )1. 下列有關國際貿易與國際金融的敘述，何者正確？ (A)為緩和台幣相對於美元升值的壓力，中央銀行應賣出美元 (B)課徵反傾銷稅與進口配額制皆為關稅型的貿易障礙 (C)本國銀行直接貸款給外國企業為跨國間接投資的行為 (D)在純粹浮動匯率制度下，中央銀行會經常性於外匯市場買賣外匯。 [110統測]

( )2. 假定甲國1單位勞動可生產1單位的小麥或2單位布，而乙國1單位勞動可生產2單位的小麥或3單位布，則在自由貿易之下，兩國對於小麥和布的生產具有何利益？ (A)乙生產兩種產品都有絕對利益 (B)乙生產兩種產品都有比較利益 (C)甲生產布有絕對利益 (D)甲生產小麥有比較利益。 [103統測]

( )3. 下列何者為貿易保護措施？
(A)課徵進口關稅 (B)課徵加值型營業稅 (C)失業補貼 (D)開放外資流入。 [98統測]

( )4. 下列有關跨國直接投資（foreign direct investment, FDI）之敘述，何者正確？ (A)FDI可提升被投資國（地主國）之資本報酬率 (B)國外資金到台灣投資股市乃是一種FDI行為 (C)投資國（母國）之企業若過度進行FDI，將可能造成投資國（母國）之產業空洞化 (D)企業進行FDI而將廠房設備外移，則必將會增加企業營運成本。 [101統測]

( )5. 下列有關台灣外匯市場之敘述何者錯誤？ (A)若其他條件不變下，當市場上對美元需求增加時，美元相對於台幣會升值 (B)當1美元可兌換之台幣由28元提高至30元時，表示美元相對於台幣升值 (C)外國資金流入台灣投資房地產，會使外匯供給增加 (D)國人出國旅遊，會使外匯供給增加。 [102統測]

( )6. 假設有A、B兩國，若以相同要素投入生產之X與Y兩財貨，A國生產X與Y兩財貨的產量分別為X_a與Y_a，B國生產X與Y兩財貨的產量分別為X_b與Y_b。下列有關兩國的敘述何者正確？
(A)根據要素稟賦理論，若$X_a > Y_a$時，A國應該生產並出口財貨X
(B)根據要素稟賦理論，若$X_a < X_b$時，A國應該生產並出口財貨X
(C)當$\dfrac{X_a}{Y_a} > \dfrac{Y_b}{Y_b}$時，A國在生產財貨Y時有比較利益
(D)當$Y_a > Y_b$時，A國在生產財貨Y時有絕對利益。 [108統測]

( )7. 以下哪一個國家是北美自由貿易區（NAFTA）的成員？
(A)哥斯大黎加 (B)墨西哥 (C)巴西 (D)巴拿馬。 [105統測]

( )8. 考慮台幣與美元外匯市場的均衡匯率，下列何者會促使台幣升值？
(A)台灣到美國的留學生增加 (B)外資大量湧入台灣股市投資
(C)台灣增加進口美國產品 (D)到台灣的美國觀光客減少。 [93統測]

( )9. 如果甲國生產電腦的機會成本是乙國的$\dfrac{1}{5}$，甲國生產成衣的機會成本是乙國的$\dfrac{1}{3}$，則下列敘述何者正確？
(A)根據絕對利益法則，甲國應專業化生產電腦，乙國應專業化生產成衣
(B)根據比較利益法則，甲國應專業化生產電腦與成衣
(C)兩國根據比較利益法則進行專業分工及國際貿易，兩國福利水準都會增加
(D)若甲國貨幣升值，則甲國出口到乙國的電腦會增加。 [100統測]

( )10. 下列有關進出口與匯率的敘述，何者正確？ (A)若每一美元可兌換的日圓由110下跌至100，日圓的升值幅度為10% (B)若每一英鎊可兌換的美元由1.3下跌至1.25，英鎊升值幅度為4% (C)本國幣貶值將不利於本國的出口，但有利於本國的進口 (D)中央銀行在外匯市場賣出外匯，會使外匯需求增加且本國幣會貶值。 [109統測]

CH18 經濟波動

1. 景氣循環各階段的特徵

比較 階段	對未來 預期	投資	失業率	所得	消費	物價 水準	廠商 利潤	利率 水準
復甦期	漸樂觀	漸多	漸低	漸多	漸多	漸升	漸多	漸升
繁榮期	**最樂觀**	**最多**	**最低**	**最多**	**最多**	**最高**	**最多**	**最高**
衰退期	漸悲觀	漸少	漸高	漸少	漸少	漸跌	漸少	漸跌
蕭條期	**最悲觀**	**最少**	**最高**	**最少**	**最少**	**最低**	**最少**	**最低**

2. 失業的種類

種類	意義
摩擦性失業	因**就業訊息不完全**而造成**初次求職**或**轉換工作**時的**短暫失業**現象
結構性失業	因**社會產業結構改變**所造成的失業
循環性失業	因**景氣循環**所造成的失業
隱藏性失業	表面上有工作，但**學非所用**，造成**低產出**或**邊際生產力為0**
季節性失業	工作有季節性，**季節一過即失業**

3. 物價膨脹的類型

類型	意義
需求拉動型	因**社會有效需求過多**，使總需求大於總供給所造成的物價膨脹
成本推動型	因**生產要素價格提高**，使生產成本增加所造成的物價膨脹
輸入性	因**進口品價格提高**，使國內產品售價提高所造成的物價膨脹
結構性	因**各產業發展速度不同**所造成的物價膨脹
預期心理	因社會大眾**預期未來將發生物價膨脹**而**在目前爭相搶購財貨**所造成的物價膨脹
停滯性	社會同時存在「**高物價上漲率**與**高失業率**」的現象

4. 菲力普曲線

圖形	經濟意義
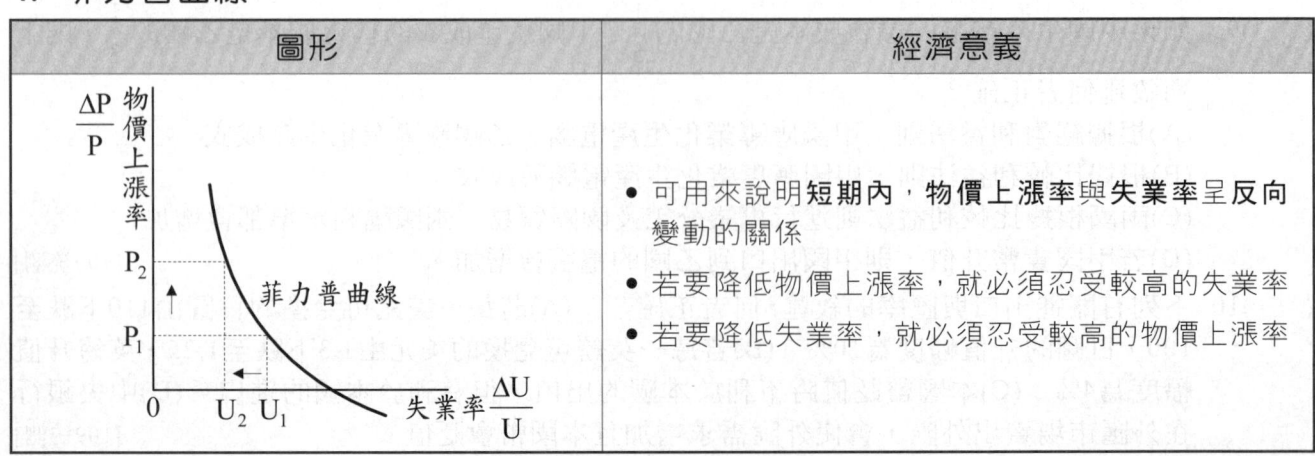	• 可用來說明**短期內**，**物價上漲率**與**失業率**呈反向變動的關係 • 若要降低物價上漲率，就必須忍受較高的失業率 • 若要降低失業率，就必須忍受較高的物價上漲率

搶分終點線

( )1. 經濟活動的規律性又稱景氣循環,不同階段大致分為四期,下列何者正確?
(A)繁榮期→衰退期→復甦期→蕭條期
(B)繁榮期→衰退期→蕭條期→復甦期
(C)復甦期→蕭條期→衰退期→繁榮期
(D)復甦期→衰退期→繁榮期→蕭條期。 [101統測]

( )2. 下列有關景氣波動的敘述,何者正確?
(A)景氣對策信號為黃紅燈時,表示景氣過熱
(B)景氣動向指標中的「落後指標」,可以反映當時的景氣變動狀況
(C)實質景氣循環理論主張景氣循環的發生,是因為貨幣供給的變動
(D)在未達充分就業前,負斜率的總需求曲線右移可使總產出增加。 [108統測]

( )3. 以下有關失業的敘述何者為真?
(A)自然失業包含摩擦性失業與結構性失業
(B)失業率是景氣動向的領先指標
(C)失業率與貿易逆差合稱為痛苦指數
(D)隱藏性失業是指景氣衰退所造成的失業。 [102統測]

( )4. 下列哪一項目計入我國勞動力?
(A)失業人口　　　　　　　　　(B)70歲已退休的人口
(C)15歲以上在學人口　　　　　(D)未滿15歲人口。 [99統測]

( )5. 若一國的非勞動力有200萬人,失業人口為10萬人,失業率為5%,摩擦性失業人數為2萬,結構性失業人數為4萬,痛苦指數為8%,則下列敘述何者正確? (A)勞動力為400萬人 (B)就業人口為200萬人 (C)物價上漲率為5% (D)自然失業率為3%。 [104統測]

( )6. 小陳年滿21歲,因學業表現佳,提前半年從大學畢業,已遞出履歷求職,也獲得若干個面談機會。然而小陳要求起薪六萬元,而雇主最多只願意付三萬元,與小陳的預期落差甚遠。小陳認為工資過低,不願前往工作,只好再找尋其他工作。小陳的情形符合下列哪一種類型的失業?
(A)結構性失業　(B)循環性失業　(C)摩擦性失業　(D)隱藏性失業。 [105統測]

( )7. 若面對油電雙漲,造成物價上漲,這是屬於下列哪一型的物價上漲?
(A)消費推升型　(B)成本推升型　(C)需求推升型　(D)需求改變型。 [101統測]

( )8. 政府在經濟景氣低迷時,下列何者為正確的經濟政策? (A)調降租稅 (B)公共投資減少 (C)提高重貼現率 (D)中央銀行在公開市場賣出債券。 [100統測]

( )9. 需求拉動的通貨膨脹(demand-pull inflation)發生時,下列何者為正確?
(A)政府可以調降再貼現率的對策來解決
(B)會發生經濟衰退現象
(C)是因經濟體系的總支出不斷增加所產生
(D)會發生總產出下降現象。 [95統測]

( )10. 近年在疫情影響下,一方面因封城等防疫措施造成原物料不足之現象,但另一方面當疫情逐漸受到控制後,進而又產生報復性消費大增之現象。下列有關此兩現象對經濟景氣影響之敘述,何者正確?
(A)原物料不足會使總供給增加,報復性消費大增會使總需求減少
(B)報復性的消費大增會使總供給增加,並造成成本推動型之物價膨脹
(C)若一國已經處於充分就業下,報復性的消費大增會使此國的總產出增加
(D)兩現象皆會造成物價膨脹,中央銀行可採取提高重貼現率的政策來抑制物價膨脹。
[111統測]

CH19　經濟成長與經濟發展

1. 經濟成長的測定

以實質GDP年增率測定	以平均每人實質GDP年增率測定
$G_t = \dfrac{Y_t - Y_{t-1}}{Y_{t-1}} \times 100\%$	$g_t = \dfrac{y_t - y_{t-1}}{y_{t-1}} \times 100\%$

2. 經濟成長理論

提出者	經濟成長的關鍵因素
亞當斯密	專業分工
馬爾薩斯	人口數量
馬歇爾	企業家精神
熊彼得	**創新活動**
凱因斯	**投資乘數效果**
哈樂德、多瑪	**高**儲蓄率、**低**資本係數（高平均資本生產力）
梭羅	技術進步（**外生**變數）、勞動人口成長、資本累積
羅莫、盧卡斯	技術進步（**內生**變數）、人力資本的提升

（凱因斯、哈樂德、多瑪、梭羅、羅莫、盧卡斯：現代經濟成長理論）

3. 傳統經濟與知識經濟的比較

比較項目		傳統經濟	知識經濟
生產要素方面	著重的生產要素	土地、勞動、資本等（**有形**的生產要素）	腦力、知識等（**無形**的生產要素）
	生產要素的報酬性	報酬**遞減**	出現報酬**遞增**的現象
產品方面	產品附加價值	較**低**	較**高**
	產品生命週期	較**長**	較**短**（新產品不斷推出）
	消費者取得產品資訊的難易度	較**不易**取得	較**容易**取得
企業經營方面	交易成本	較**高**（較無效率）	較**低**（較有效率）
	經營心態	較**保守**	較具有冒險和**創新**精神
	利潤的來源	傾向從**既定**且較有把握的市場中尋找利潤	傾向從**新市場**中尋找利潤
	與對手的競爭態勢	傾向**單打獨鬥**（與競爭者對抗）	傾向**團隊合作**（與競爭者結盟）

搶分終點線

( )1. 有關內生性成長理論中,下列何者為此理論所強調影響經濟成長之重要因素?
(A)人口的增加 (B)土地的增加 (C)專業分工 (D)人力資本的累積。 [102統測]

( )2. 若某國2009年實質國內生產毛額(實質GDP)為10,000萬元,2010年名目GDP為11,000萬元,以2009年為基期之2010年GDP平減指數為105,則下列何者最接近2010年之經濟成長率? (A)0% (B)4.76% (C)2.55% (D)5.61%。 [101統測]

( )3. 下列敘述何者錯誤: (A)創新理論是由熊彼得(Schumpeter)所提出 (B)CPI上升必定能促進經濟成長 (C)人力資本為影響經濟成長之因素 (D)技術進步會促進經濟成長。 [99統測]

( )4. 下列敘述何者正確?
(A)根據熊彼得的「人口論」,人口快速增加將有助於經濟成長
(B)臺灣於2002年加入「世界貿易組織(WTO)」
(C)臺灣依「世界銀行」的人類發展指數(HDI)分類為中所得國家
(D)了解「世界」的知識(know-world)為OECD將知識分成四種類型之一。 [108統測]

( )5. 下列敘述何者錯誤?
(A)古典學派假設充分就業為常態
(B)熊彼得的經濟成長理論強調「創新」可以促進經濟成長
(C)梭羅的經濟成長理論強調影響經濟成長之重要因素為「人力資本的累積」
(D)盧卡斯與羅莫所主張的經濟成長理論為「內生成長理論」。 [104統測]

( )6. 依據哈羅德(Harrod)與多瑪(Domar)的成長理論,要加速經濟成長,必須:
(A)提高消費傾向,擴大投資乘數 (B)降低儲蓄傾向,擴大投資乘數
(C)提高消費傾向,降低資本係數 (D)提高儲蓄傾向,降低資本係數。 [91統測]

( )7. 若某國在2015與2016兩年之名目GDP分別為2,200與2,900,且2016年的GDP平減指數為145,下列有關此國的敘述何者錯誤?
(A)若2015年實質GDP為2,500,則2015年的GDP平減指數必小於100
(B)若2015年的GDP平減指數為110,則2016年的經濟成長率為零
(C)若2017年的經濟成長率為10%,則2017年的實質GDP為2,200
(D)若2015年的實質GDP為2,900,則2016年的經濟成長率為零。 [107統測]

( )8. 下列有關經濟成長與經濟發展之敘述,何者正確? (A)經濟發展是指一國實質總產出不斷增加之現象 (B)物價水準的上升必會使經濟成長率下跌 (C)「國富論」之作者為凱因斯,其認為失業為常態 (D)新古典成長理論強調勞動成長、資本累積、技術進步三者會影響經濟成長。 [110統測]

( )9. 下列敘述何者正確? (A)知識具有規模報酬遞減的特性 (B)經濟發展可應用生產可能曲線向外移動來表示 (C)以實質GDP年增率來計算今年經濟成長率為5%,且已知今年實質GDP為420億元,則去年實質GDP為400億元 (D)臺灣的經濟發展過程中,政府於第一次進口替代階段,開始設立加工出口區。 [111統測]

( )10. 下列有關「知識經濟」(knowledge economy)的敘述,何者不正確?
(A)企業家使用土地、資本、勞動來生產是最重要的,知識僅扮演輔助的工具
(B)知識經濟重視知識資產的累積、傳遞與應用
(C)教育的投資是知識經濟成功的重要因素
(D)研發經費支出占國內生產毛額比重提高,是轉向知識經濟的特徵之一。 [100統測]

歷屆全真
統測試題

第一回
歷屆全真統測試題

( )1. 下列有關完全競爭與獨占的敘述，何者錯誤？
(A)完全競爭市場之產業需求曲線為負斜率
(B)完全競爭廠商的總收益會隨銷售量變動而等比例變動
(C)面對負斜率需求線的單一訂價獨占廠商，其平均收益會隨數量增加而遞增
(D)面對負斜率需求線的獨占廠商之總收益為最大時，其邊際收益等於零。

P.14[108統測]

( )2. 已知印表機和墨水匣為互補品，當其他情況不變，若印表機價格上漲，對墨水匣的均衡價格和均衡數量有何影響？
(A)均衡價格上漲，均衡數量增加
(B)均衡價格上漲，均衡數量減少
(C)均衡價格下跌，均衡數量增加
(D)均衡價格下跌，均衡數量減少。

P.4[100統測]

( )3. 下列何者為「生產什麼」之經濟問題？
(A)大大公司正在評估是否要以機器人取代現有的人力來提高生產力
(B)小李擬開店做生意，其正在評估要賣飲料或賣糕點
(C)芳香公司正在評估在2017年或2018年增加一個新的銷售據點
(D)佳國公司正在評估要在印尼或越南設立海外分公司。

[106統測]

( )4. 小美對某財貨的總效用如下表所示，若其貨幣的邊際效用（MU_m）固定為2，則當小美購買4單位時，該財貨之單位價格為

數量	1	2	3	4	5	6
總效用	100	180	250	312	368	420

(A)62元 (B)31元 (C)624元 (D)124元。

P.8[89北區專夜]

( )5. 有關總產量（TP）、平均產量（AP）、邊際產量（MP）三者的關係，下列敘述何者錯誤？
(A)當MP＝0時，TP最大
(B)當AP＞MP時，AP是遞減的
(C)當MP上升時，AP＜MP
(D)當MP下降時，AP＞MP。

P.10[93統測]

( )6. 若某財貨的需求線為$Q_d = 54 - 3P$，供給線為$Q_s = P - 10$，其中Q_d為需求量，Q_s為供給量，P為價格。在市場均衡時，下列敘述何者正確？
(A)均衡價格為10
(B)生產者剩餘為6
(C)消費者剩餘為14
(D)均衡數量為6。

P.4、P.8、P.10[99統測]

( )7. 當經濟利潤等於零時：
(A)生產者獲取正常利潤
(B)生產者獲取超額利潤
(C)生產者會關門歇業
(D)會計利潤小於零。　　[P.12[105統測]]

( )8. 在追求利潤最大化的目標下，下列有關完全競爭廠商A的描述，何者錯誤？
(A)短期下只要虧損小於固定成本，則廠商A仍應繼續生產
(B)廠商A面對的需求線之價格彈性為完全無彈性
(C)當價格低於平均變動成本時，廠商A的產量為零
(D)長期均衡時，廠商A會在長期平均成本最低點生產。　　[107統測]

( )9. 下列有關各種市場結構的敘述，何者正確？
(A)獨占者不論長短期的經濟利潤必定大於零
(B)獨占性競爭廠商生產同質品
(C)寡占廠商生產的商品必為異質品
(D)長期均衡時，完全競爭廠商與獨占性競爭廠商的經濟利潤必為零。　　[106統測]

( )10. 下列有關完全競爭市場之廠商行為說明，何者正確？
(A)於短期下，當價格低於平均成本，則廠商必因虧損而選擇退出市場
(B)於長期下，廠商之均衡條件必發生於長期平均成本線（LAC）之最低點
(C)因新舊廠商可自由進出市場，故短期間廠商不會有超額利潤
(D)因廠商之最適訂價乃依據價格等於邊際成本（P＝MC），故其邊際成本線就是短期供給曲線。　　[P.14[101統測]]

( )11. 如右圖所示：兩軸P、Q代表價格、產量；D、MR、MC分別為獨占廠商面對的需求曲線、邊際收益線、邊際成本線。請問在獨占廠商利潤最大的產量下，社會的無謂損失為：
(A)△NAC　　　　　　(B)△NEG
(C)△BHC　　　　　　(D)△CHG。　　[105統測]

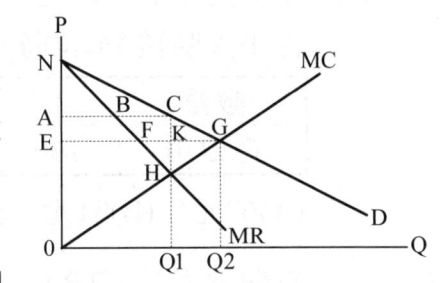

( )12. 生產者對各種生產要素的需求為
(A)最後需求　(B)引申需求　(C)有效需求　(D)無效需求。　　[88中區專夜]

( )13. 依據大克拉克（John Bate Clark）的要素報酬理論，要素所得分配的高低，取決於
(A)總產量（TP）　　　　　(B)平均產量（AP）
(C)邊際收益產量（MRP）　　(D)總收入（TR）。　　[87中區專夜]

( )14. 下列何者會造成「成本推動型」的物價膨脹？
   (A)工資水準上漲
   (B)貨幣供給增加
   (C)政府支出增加
   (D)民間投資增加。   P.32[88南區專夜、89南區專夜]

( )15. 下列有關利率與利潤的敘述，何者正確？
   (A)可貸資金的供給是利潤的增函數
   (B)投資儲蓄說主張儲蓄是利率的減函數
   (C)利潤的功能之一為促進經濟成長的推動力
   (D)馬克斯主張利潤的發生是來自於企業家承擔風險的報酬。   P.20[108統測]

( )16. 下列有關平均每人實質國內生產毛額的敘述，何者錯誤？
   (A)無法顯示財貨品質的改進
   (B)考慮人口數量與價格變動
   (C)用以比較歷年或國際間國民所得的經濟指標
   (D)可充分反映一國所得分配問題。   [94統測]

( )17. 某一經濟體系有甲、乙、丙三種財貨，其2013年與2014年的生產量與價格如右表，若以2013年為基期，請計算2014年的GDP平減指數為多少？ (A)110 (B)139 (C)190 (D)209。   [104統測]

	2013年(基期)		2014年	
	數量	價格	數量	價格
甲	1	10	1	14
乙	2	20	3	25
丙	4	30	4	30

( )18. 在充分就業的水準下，實際的總需求（支出）小於維持充分就業所得水準的總需求（支出），兩者的差額為：
   (A)貿易逆差 (B)膨脹缺口 (C)緊縮缺口 (D)通貨膨脹。   P.24[96統測]

( )19. 消費者A的所得由1,000元增至2,000元時，使得消費支出由800元增至1,200元，則此消費者的邊際儲蓄傾向為：
   (A)0.2 (B)0.4 (C)0.6 (D)0.8。   P.24[97統測]

( )20. 依據我國中央銀行對貨幣的定義，下列哪一項可歸類於準貨幣？
   (A)支票存款 (B)活期存款 (C)定期存款 (D)信用卡。   P.26[100統測]

( )21. 下列何者為擴張性之財政政策？
   (A)擴大公共建設之支出
   (B)增加貨幣供給
   (C)提高所得稅稅率
   (D)提高遺產稅稅率。   P.28[102統測]

( )22. 下列有關國際貿易與國際金融的敘述，何者正確？
(A)台灣之某公司於美國投資設立工廠，此種投資為跨國直接投資
(B)外國資金流出本國，會使本國的外匯需求線左移
(C)台灣為WTO與OECD二國際組織之會員國
(D)本國之某投資人的美元存款增加100萬元，會使本國的外匯存底增加。
[107統測]

( )23. 下列敘述，何者錯誤？
(A)若因戰爭使石油價格上漲，此易導致成本推動型的物價膨脹
(B)由於勞動市場訊息不完全所造成的失業，是屬於摩擦性失業
(C)貨幣數量學說主張貨幣數量與物價呈同向、同比例的變動關係
(D)停滯性物價膨脹的主要現象是高失業率與高產出變動率並存。
P.26、P.32[92統測]

( )24. 西元1776年，英國學者亞當斯密（Adam Smith）出版了以下何著作，提出經濟問題完整的思考架構，經濟學從此被視為一門獨立學科？
(A)供需論（Supply and Demand）
(B)國富論（The Wealth of Nations）
(C)人口論（An Essay on the Principle of Population）
(D)資本論（Capital）。
[103統測]

( )25. 假設某國在三個年度中的人口、勞動力和失業率的數值如下表，下列何者正確？
(A)①＝85,500，②＝60%
(B)③＝4.5%，④＝100,000
(C)⑤＝60%，⑥＝9.2%
(D)⑦＝15,000，⑧＝65%。
P.18[111統測]

年度	15歲以上民間人口	失業人口	就業人口	勞動力	勞動參與率	失業率
2019	150,000	4,500	①	90,000	②	③
2020	160,000	8,000	92,000	④	⑤	⑥
2021	165,000	⑦	105,000	115,500	⑧	⑨

【以下空白】

第二回
歷屆全真統測試題

( )1. 小櫻是知名網路藝人及作家，某次將100分鐘的演出活動，製作成光碟片100片，預備在網路上拍賣競標。以下何者為有形財貨？
(A)光碟片100片
(B)光碟片的版權
(C)演出活動
(D)表演之著作權。 [106統測]

( )2. 若A財貨之產業需求線為負斜率，而此產業之甲廠商，其平均收入線為AR，而邊際收入線為MR，且AR＝MR，則其為哪一類型之廠商？
(A)完全競爭　　　　(B)獨占性競爭
(C)寡占　　　　　　(D)單一訂價的獨占。 P.14[102統測]

( )3. 下列關於彈性的敘述，何者正確？
(A)當供給價格彈性為完全無彈性時，需求變動無法影響均衡數量
(B)劣等財的需求曲線一定是正斜率，且需求所得彈性為負值
(C)一財貨的消費支出占所得的比例愈大，其需求價格彈性（絕對值）愈小
(D)若供給線是一條通過原點的正斜率直線，在此線上的點若價格愈高則供給價格彈性愈小。 P.14[108統測改編]

( )4. 下列何者包括在勞動力之內？
(A)當職業軍人的阿明
(B)20歲在大學唸書的小傑
(C)當家庭主婦的花媽
(D)因故辭職正在找新工作的老吳。 P.18[104統測]

( )5. 台灣近年的所得分配，貧富差距持續擴大，此隱含台灣的吉尼（Gini）係數愈來愈如何？
(A)大　(B)小　(C)接近0　(D)接近-1。 P.16[93統測]

( )6. 一物之需求，因其互補財價格之上漲而
(A)減少　(B)增加　(C)不變　(D)不一定。 P.5[85保送甄試]

( )7. 若有兩財貨A與B，財貨A的價格為10，而其對應的邊際效用為50；財貨B的邊際效用為25。根據邊際效用均等法則，在效用最大下，則財貨B的價格應為：
(A)2.5　(B)2　(C)5　(D)4。 P.8[99統測]

( )8. 右圖的A、B、C三條直線相交於一點，在此交點，其需求價格彈性的絕對值之大小次序，下列何者正確？
(A)A＞B＞C
(B)A＜B＜C
(C)A＝B＝C
(D)A＞B＝C。
P.4[93統測]

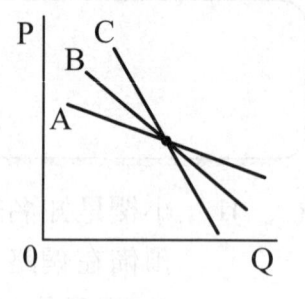

( )9. 若已知某廠商的邊際產出線（MP）與平均產出線（AP）皆為倒U型之曲線，MP最高點時之產量Q＝100，AP最高點時之產量Q＝150，MP為零時之產量Q＝250，則下列敘述何者正確？
(A)Q＝50時，MP＜AP
(B)Q＝150時，MP＝AP
(C)Q＝300時，總產出TP為遞增
(D)Q＝200時，總產出TP為遞減。
[107統測]

( )10. 下列敘述何者正確？
(A)拗折需求線是在說明獨占廠商的產量僵固性
(B)獨占性競爭廠商常會勾結成立卡特爾（Cartel）組織
(C)寡占廠商長期均衡條件為邊際收益等於平均收益
(D)獨占性競爭廠商長期均衡時，其平均收益會等於平均成本。
[104統測]

( )11. 經濟學中最常提及，在其他條件不變的情況下，下列何者非指「其他條件不變」？
(A)需求產品價格不變
(B)其他相關財貨價格不變
(C)消費者所得不變
(D)消費者偏好不變。
[101統測]

( )12. 生產函數係指在一定技術水準下，探討下列哪一項關係？
(A)中間產品與中間投入的關係
(B)生產要素與要素價格的關係
(C)可變動生產要素與固定生產要素的關係
(D)生產要素與產出的關係。
[95統測]

( )13. 下列有關流動性偏好理論（liquidity preference theory）的內容，何者錯誤？
(A)民眾為交易、預防與投機動機而持有貨幣
(B)流動性偏好減弱，會使實質貨幣需求上升
(C)流動性陷阱（trap）存在，會使貨幣政策無效
(D)實質貨幣需求會受所得與利率的影響。
P.26[94統測]

( )14. 若一國中央銀行原則上尊重外匯市場機能,讓匯率由市場供需自由決定,但有時為政策需要而干預外匯市場均衡匯率,此種匯率制度稱為:
(A)純粹浮動匯率制度
(B)固定匯率制度
(C)管理浮動匯率制度
(D)自由浮動匯率制度。　[98統測]

( )15. 下列哪一項不包含在GDP中?
(A)財務規劃人員所提供的服務
(B)木柵動物園之旅
(C)購買經使用過二年的整組高爾夫球
(D)由家庭主婦所購買的麵粉。　P.22[89推薦甄試]

( )16. 下列有關失業與物價問題之敘述,何者正確?
(A)政府採取緊縮的財政政策可改善通貨緊縮的現象
(B)若失業率為5%,且就業人口為95萬,則勞動力為100萬
(C)停滯性物價膨脹時,高物價上漲率與高就業率會同時並存
(D)若物價上漲率為3%,痛苦指數為8%,則失業率為11%。　P.32[107統測]

( )17. 假設A國和B國只能生產麵包和飲料二種財貨,A國和B國投入相同資源,A國可生產150單位麵包和300單位飲料,B國則可生產300單位麵包和450單位飲料,根據比較利益法則,下列敘述何者正確?
(A)A國於兩財貨生產皆有比較利益,B國應該從A國進口兩財貨
(B)A國生產飲料有比較利益,B國生產麵包有比較利益
(C)A國生產麵包有比較利益,B國生產飲料有比較利益
(D)B國於兩財貨生產皆有比較利益,A國應該從B國進口兩財貨。　P.30[104統測]

( )18. 「失業率」屬於何種景氣動向指標?
(A)領先指標　(B)同時指標　(C)落後指標　(D)循環指標。　[100統測]

( )19. 在簡單凱因斯模型中,某國的GDP為5,500,若該國充分就業的GDP為5,000,且已知邊際消費傾向為0.9,則:
(A)膨脹缺口為50　(B)膨脹缺口為250
(C)緊縮缺口為50　(D)緊縮缺口為250。　P.24[103統測]

( )20. 若某完全競爭廠商達到短期均衡時,總收益為2,500,000元,平均成本為200元,平均變動成本為100元,邊際成本為250元,則該廠商在此短期均衡下之產量為:
(A)10,000　(B)12,500　(C)20,000　(D)25,000。　[106統測]

( )21. 有關投資支出的敘述,何者正確?
(A)資本設備利用率愈高,則投資愈多
(B)對最後財貨需求增加,則投資減少
(C)企業利潤增加,則投資減少
(D)利率上升,則投資亦增加。　[94統測補考]

( )22. 有關經濟成長與經濟發展的敘述,下列何者錯誤?
(A)亞當斯密為古典學派之學者
(B)供給面經濟學派又稱「雷根經濟學」
(C)生產可能曲線整條向外移動代表經濟成長
(D)人類發展指數(HDI)涵蓋了健康、教育、民主程度三面向。　P.34[106統測]

( )23.「供給創造其本身需求」法則,稱為
(A)格萊欣法則
(B)凱因斯法則
(C)李嘉圖法則
(D)賽伊法則。　[88南區專夜]

( )24. 有線電視是屬於下列哪一種財貨?
(A)純私有財
(B)準私有財
(C)純公共財
(D)準公共財。　P.28[103統測]

( )25. 若有一完全競爭市場中的廠商,其產品價格為30元,而每位員工的工資為100元,該產品的勞動投入和總產量之關係如下表。假設此廠商之變動成本除勞動之工資外,並無其他變動成本,則下列何者正確?
(A)當員工人數為1位時,該名員工的邊際產量收益為300元
(B)當員工人數由1位增加為2位時,第2位員工的邊際產量為18個產品
(C)當僱用員工人數由2位增加為3位時,會讓此廠商利潤減少,所以僅會僱用2位員工
(D)依表中資料,僱用員工人數愈多,產量也愈高,顯示此廠商的生產違反邊際報酬遞減法則。　[111統測]

員工人數	0	1	2	3
總產量	0	10	18	24

【以下空白】

第三回
歷屆全真統測試題

( )1. 假設原子筆的數量（X）與邊際效用（MU）關係如右表，已知消費者均衡時原子筆價格為20元、便條紙價格為10元、便條紙邊際效用為2單位，下列敘述何者正確？

X	1	2	3	4	5
MU	8	6	4	2	0

(A)消費者均衡時，消費者應該購買原子筆3支
(B)購買2支原子筆的總效用為6單位
(C)消費者均衡時，購買原子筆之總效用為4單位
(D)當便條紙價格提高時，為達到消費者均衡，則應該少買原子筆。 [111統測]

( )2. 若已知財貨A之價格上漲10%時，其需求量會減少20%；財貨B之價格下跌20%時，其需求量會增加5%。下列有關此兩財貨之敘述，何者正確？ (A)財貨A之需求的價格彈性絕對值為0.5 (B)財貨B之需求的價格彈性絕對值為4 (C)銷售財貨A之廠商若降價會使總收益增加 (D)銷售財貨B之廠商若漲價會使總收益減少。 P.4[106統測]

( )3. 佳怡換新工作，且薪水比原來薪水高，原先薪水她買了3公斤肉及12顆蘋果；在其它條件不變下，新的薪水她買了2公斤肉及15顆蘋果，下列敘述何者正確？
(A)肉是正常財，蘋果是劣等財　　(B)肉是劣等財，蘋果是正常財
(C)肉及蘋果均是正常財　　　　　(D)肉及蘋果均是劣等財。 P.4[94統測]

( )4. 下列敘述何者正確？ (A)價格機能可以解決所有的經濟問題 (B)自由經濟體系中，市場上看不見的手是指價格機能 (C)資源豐富就不會有稀少性的問題 (D)價格機能可使市場調整至均衡的論點，最早是由凱因斯所提出。
P.2、P.4[99統測]

( )5. 生產可能曲線為凹向原點的曲線，是因為： (A)機會成本不變 (B)機會成本遞減 (C)機會成本遞增 (D)機會成本為零。 P.2[99統測]

( )6. 一般而言，用途多的財貨，其邊際效用遞減速度
(A)不受影響 (B)快慢不定 (C)快 (D)慢。 P.8[87中區專夜]

( )7. 以下有關生產三階段之第二階段的敘述何者為真？ (A)平均產量大於邊際產量，且邊際產量小於零 (B)平均產量小於邊際產量，且總產量大於零 (C)平均產量大於邊際產量，且邊際產量大於零 (D)平均產量小於邊際產量，且平均產量小於零。 P.10[103統測]

(　)8. 若某一寡占廠商採取「平均成本加成訂價法」，已知加成百分比為20%，且平均固定成本大於零，則：
(A)若價格為120時，則平均變動成本為100
(B)平均變動成本為80時，則價格為96
(C)若價格為120時，則平均成本為144
(D)平均成本為50時，則價格為60。　[107統測]

(　)9. 某絲織廠處於完全競爭市場，其短期成本與市場價格關係如右圖所示，在追求利潤最大的條件下，請問該廠該怎麼做？（P為價格，P^*為市場價格，Q為數量，AVC為平均變動成本，AC為平均成本，MC為邊際成本） 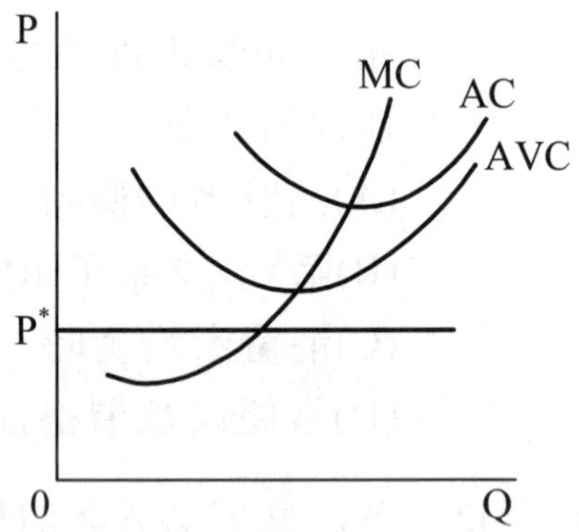
(A)歇業以減少損失
(B)繼續營運賺取正常利潤
(C)雖略有損失但仍可繼續營運
(D)繼續營運賺取超額利潤。　[103統測]

(　)10. 為賺取最大利潤，獨占廠商可針對不同的市場採取差別訂價，其差別訂價策略，下列何者正確？
(A)需求價格彈性愈大的市場，採取較高價格
(B)需求價格彈性愈大的市場，採取較低價格
(C)需求所得彈性愈大的市場，採取較低價格
(D)需求所得彈性愈大的市場，採取較高價格。　P.14[93統測]

(　)11. 獨占性競爭廠商達到長期均衡時，下列何者為正確？
(A)仍有經濟利潤存在
(B)均衡產量決定於長期邊際成本與平均收益相交點
(C)均衡產量由長期平均成本最低點決定
(D)均衡產量比長期平均成本最低點的產量少。　P.14[95統測]

(　)12. 最近物價上漲，工會要求政府提高基本薪資。當工資上漲時，下列敘述何者正確？
(A)工資上漲，休閒的機會成本提高，勞動者會犧牲休閒，增加工作時間，稱為所得效果
(B)工資上漲，勞動所得增加，勞動者工作意願下降，而增加休閒時間，稱為替代效果
(C)若替代效果大於所得效果，勞動者會增加工作時間，勞動供給曲線為正斜率
(D)若替代效果小於所得效果，勞動者會減少工作時間，勞動供給曲線為負斜率，稱為前彎的勞動供給曲線。　P.18[100統測]

( )13. 下列敘述何者有誤？
(A)生產要素的供給彈性愈大，其經濟租也就愈大
(B)時間偏好說（Time Preference Theory）認為，愈是重視目前財貨的消費（不重視未來消費），則利率水準就會愈高
(C)對工資所得課稅所產生的替代效果，一定會使勞動量減少
(D)利潤可視為是一種剩餘所得。　　P.18、P.20[87四技二專]

( )14. 若某國的消費支出為100億元，投資為70億元，政府支出為20億元，出口為50億元，進口為40億元，企業間接稅淨額為10億元，則下列敘述何者正確？
(A)若折舊為40億元，則國內生產毛額為160億元
(B)若國外要素所得淨額為20億元，則國民所得毛額（GNI）為180億元
(C)若國外要素所得淨額為10億元且國民所得淨額（NNI）為180億元，則折舊為30億元
(D)若折舊為50億元且國外要素所得淨額為20億元，則國民所得（NI）為180億元。　　P.22[106統測改編]

( )15. 若A國在2011年、2012年人口數分別為4,500人與5,000人，假設A國只生產文具和鞋子兩種商品，其產量與價格如下表所示。若以2011年為基期，請問A國之2012年平均每人實質國內生產毛額為：

產品名稱　年　項目	文具 價格	文具 數量	鞋子 價格	鞋子 數量
2011年	25	15,000	300	5,000
2012年	30	20,000	350	5,500

(A)375　(B)416.7　(C)430　(D)505。　　P.22[102統測]

( )16. 下列敘述，哪些正確？
①加速原理主要是在說明所得變動量對投資的影響。
②凱因斯認為在未充分就業時，節儉會使國民所得減少。
③在簡單的凱因斯模型內，邊際消費傾向與邊際儲蓄傾向之和一定等於1。
④由國民生產淨額求算國民所得時，政府對公營企業的補貼應列為減項。
(A)①②③　(B)①②④　(C)②③④　(D)①③④。　　P.22、P.24[84北區專夜]

( )17. 在充分就業所得水準下，社會實際總需求大於充分就業總需求，稱為
(A)產出缺口　(B)投入缺口　(C)緊縮缺口　(D)膨脹缺口。　　P.24[87中區專夜]

( )18. 下列機構何者不屬於資本市場？
(A)證券金融公司　(B)證券交易所　(C)票券金融公司　(D)期貨商。　　[101統測]

( )19. 若中央銀行將法定準備率由20%降為10%，則10億元之存款，將使信用變動多少？ (A)增加50億 (B)減少50億 (C)增加100億 (D)減少100億。

( )20. 下列關於政府的敘述，何者錯誤？
(A)老人年金屬於政府的移轉性支出
(B)財政政策是指政府使用貨幣供給等工具，來影響經濟活動的方法
(C)景氣燈號為藍燈時，為刺激經濟復甦，政府應採取擴張性的經濟政策
(D)政府與人民合資經營，但政府資本超過50%者屬於公營事業。

( )21. 若在國際之外匯市場上，原來匯率E_1=115日圓/1美元，即1美元可兌換115日圓，若匯率產生變動，變動後1美元可兌換之日圓為E_2。則下列有關美元與日圓兩幣別間的敘述，何者正確？
(A)若E_2=120，表示日圓升值
(B)若E_2=110，表示美元升值
(C)在其他條件不變且市場上之美元需求增加，將有利於美國的出口
(D)在其他條件不變且市場上之美元供給增加，則日圓會升值。

( )22. 國際貿易建立在比較利益的基礎上，以下何者與比較利益無關？
(A)生產技術的差異   (B)自然條件的差異
(C)政府的政策   (D)生產因素的優勢程度。

( )23. 下列有關失業之敘述，何者正確？
(A)若失業率為10%，就業人口為90萬，則失業人口為9萬
(B)若勞動力為50萬，就業人口為45萬，則失業率為10%
(C)小明剛從學校畢業正在找工作，小明是屬於結構性失業
(D)大華因經濟不景氣被裁員而正在找其他工作，大華是屬於摩擦性失業。

( )24. 下列有關貨幣與金融的敘述，何者正確？
(A)中央銀行在公開市場買入債券，會使貨幣供給增加
(B)定期儲蓄存款增加會使M_2與M_{1B}兩者皆增加
(C)中央銀行採取緊縮性的貨幣政策，會使貨幣需求增加
(D)若名目利率為5%，失業率為3%，則實質利率為2%。

( )25. 下列有關各經濟學派的敘述，何者正確？
(A)古典學派反對政府干涉經濟活動
(B)凱因斯學派主張「供給創造需求」
(C)重貨幣學派主張政府應該採「以權衡代替法則」的貨幣政策
(D)新古典成長理論又稱為「內生成長理論」。

【以下空白】

第四回
歷屆全真統測試題

( )1. 下列何者表示一個國家所得分配愈不平均，貧富差距擴大？
(A)最高20%之家庭所得與最低20%家庭所得差距倍數縮小
(B)吉尼係數（Gini Coefficient）愈小
(C)羅侖士曲線（Lorenz curve）愈遠離對角線
(D)羅侖士曲線（Lorenz curve）為對角線。 P.16[100統測]

( )2. 下列敘述，何者錯誤？
(A)台電核四廠應否興建的課題，屬於實證經濟學的範疇
(B)重農主義（Physiocracy）提倡自由經濟
(C)經濟問題主要是在資源的稀少性
(D)理性預期學派認為，民眾未預期到的政府政策才有效。 P.2、P.34[92統測]

( )3. 若A國2008年之名目GDP為2,100，2008年物價指數為105，2009年名目GDP為2,420，2009年物價指數為110，則下列有關A國的敘述，何者正確？
(A)2009年之物價膨脹率為10%
(B)2008年之實質GDP為2,100
(C)2009年之實質GDP為2,200
(D)2009年之經濟成長率為15%。 P.22、P.34[99統測]

( )4. 下列有關貨幣供給的敘述，何者正確？
(A) M_{1A} 不含活期存款，而 M_{1B} 包含活期存款
(B) M_{1A} 與 M_{1B} 都包含活期儲蓄存款
(C) M_{1A} 與 M_{1B} 都不包含準貨幣
(D) M_2 不包含外匯存款。 P.26[104統測]

( )5. 在成本觀念中，下列哪一項與「即使是自己的貢獻，也應該付錢給自己」的概念相近？
(A)隱含成本（implicit cost） (B)會計成本（accounting cost）
(C)外顯成本（explicit cost） (D)外部成本（externality cost）。 [100統測]

( )6. 下列敘述何者正確？
(A)若某年度名目GDP為210億，實質GDP為200億，則物價指數為5%
(B)計算GDP時，為避免重覆計算，只計算中間財貨與勞務的價值
(C)負產品的增加會使經濟福利淨額減少
(D)國外要素所得淨額等於GDP減折舊。 P.22[108統測]

( )7. 下列有關獨占與完全競爭市場特性之敘述，何者不正確？
(A)自然獨占（natural monopoly）是因廠商具有天然資源所形成之優勢
(B)長期而言，完全競爭廠商不會有超額利潤
(C)採差別訂價之獨占廠商，一般會對較高價格彈性之市場訂定較低價格
(D)現實環境中，大宗農產品（如稻米、小麥）是較符合完全競爭市場條件之產業。 [101統測]

( )8. 奈特（Frank H. Knight）認為利潤的產生源於
(A)獨占的結果
(B)不勞利得
(C)不確定的風險報酬
(D)創新的報酬。 P.20[87保送甄試]

( )9. 假設某市場只有10個種植鳳梨的農夫，每個農夫的供給函數均為 $Q = 10 + P$，其中Q為產量，P為價格。請問該市場的鳳梨供給函數為：
(A)$Q = 10 + P$
(B)$10Q = 10 + P$
(C)$Q = 100 + 10P$
(D)$Q = 10 + 10P$。 P.5[103統測]

( )10. $\dfrac{MU_X}{P_X} = \dfrac{MU_Y}{P_Y}$ 的經濟意義為
(A)成本最低　(B)利潤最大　(C)損失最小　(D)滿足最大。 P.8[85中區專夜]

( )11. 簡單凱因斯模型在沒有租稅的前提下，某國2010年之國民所得為500億元，若2011年的國民所得為550億元，邊際消費傾向（MPC）為0.6，自發性消費為100億元。則消費支出在2011年會增加多少？
(A)10億元　　　　　　　　　　(B)20億元
(C)30億元　　　　　　　　　　(D)40億元。 P.24[103統測]

( )12. 若小康對水果的需求函數為：$Q_d = 100 - 4P$。其中Q_d為需求量，P為價格。當市場價格為15元時，試問小康的消費者剩餘是多少？
(A)100元　(B)200元　(C)300元　(D)400元。 [105統測]

( )13. 有關貨幣升貶值之敘述，下列何者正確？
(A)每一美元可兌換的日圓由115提高至120，表示美元相對於日圓為貶值
(B)每一歐元可兌換的美元由1.2降低為1.1，表示美元相對於歐元為貶值
(C)每一英鎊可兌換的新台幣由45降低為42，表示新台幣相對於英鎊為貶值
(D)每一英鎊可兌換的歐元由1.15提高至1.20，表示歐元相對於英鎊為貶值。 P.30[106統測]

( )14. 在計算國內生產毛額時，下列哪一項應列入計算？
(A)退休年金　(B)失業救濟金　(C)災難救助金　(D)政府消費支出。　　P.22[95統測]

( )15. 下列何者不屬於有效需求？
①福利社裡面什麼都有，就是口袋裡沒有半毛錢
②政府懸賞千萬元緝捕槍擊要犯張錫銘
③在沙漠中，如果能有杯水喝，我可以付一百萬元買
④我不喜歡鑽石，即使再便宜我也不會買
(A)①②　(B)②③　(C)②④　(D)①④。　　[86北區專夜]

( )16. 下列有關景氣對策信號的敘述，何者正確？
(A)紅燈表示景氣過熱　　　　(B)綠燈表示景氣活絡
(C)黃藍燈表示景氣穩定　　　(D)藍燈表示景氣欠佳。　　[99統測]

( )17. 何以第一生產階段不為合理生產階段？
(A)因變動生產因素的AP雖遞減，但TP仍遞增
(B)因變動生產因素的MP為負
(C)因固定生產因素的MP為負
(D)以上皆非。　　P.10[86南區專夜]

( )18. 報酬遞減法則是指何項必然發生遞減現象？
(A)總產量　(B)總收益　(C)邊際產量　(D)邊際收益。　　P.10[87南區專夜]

( )19. 若某寡占廠商的需求線為「拗折需求線」，此線的拗折點對應的價格$P=10$，數量$Q=300$，且「邊際收益缺口」介於5至7間。此外，當Q小於300時之需求線為負斜率之直線D_1，而Q大於300之需求線為負斜率之直線D_2，則下列敘述何者正確？（下列敘述中，MR為邊際收益、MC為邊際成本、TR為總收益）
(A)若$MR=MC=6$，$TR=3,000$
(B)若$MR=MC=8$，則$Q>300$
(C)若$MR=MC=5.5$，則$P<10$
(D)D_2的需求價格彈性會大於D_1的需求價格彈性。　　P.14[110統測]

( )20. 下列敘述何者錯誤？
(A)從社會觀點，土地因為稀少而供給數量固定，故地租是一種剩餘的概念
(B)工資上漲時，個人的勞動供給線若發生後彎情形則隱含休閒是一種劣等財
(C)根據貨幣流動性偏好學說，當人們的所得增加，其他條件不變下，市場利率會上升
(D)利潤的最適值無法使用邊際生產力法則決定之。　　P.18、P.20、P.26[93統測]

( )21. 右圖顯示某國家使用所有生產要素，生產兩種產品（X財與Y財）的生產可能曲線，則下列敘述何者正確？
(A)資源使用效率：A＞B＞C；
多生產一單位Y的機會成本：A＜B＜C
(B)資源使用效率：A＝B＝C；
多生產一單位Y的機會成本：A＜B＜C
(C)資源使用效率：A＝B＝C；
多生產一單位Y的機會成本：A＞B＞C
(D)資源使用效率：A＜B＜C；
多生產一單位Y的機會成本：A＞B＞C。
[P.2 93統測]

( )22. 已知獨占性競爭廠商長期成本與收益曲線如右圖，其中P為價格，Q為數量，LAC為長期平均成本，LMC為長期邊際成本，SAC為短期平均成本，SMC為短期邊際成本，AR為平均收益，MR為邊際收益。則其處於長期均衡時，價格應為：　(A)P_1　(B)P_2　(C)P_3　(D)P_4。
[103統測]

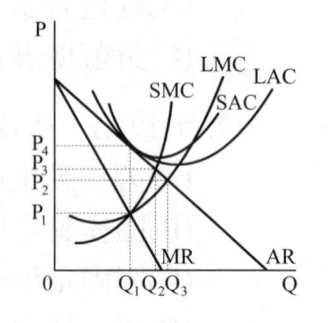

( )23. 下列敘述，何者錯誤？
(A)因所得變動而導致消費量的改變，此種變動屬誘發性消費
(B)在凱因斯（Keynes）的消費函數中，邊際消費傾向一定不大於平均消費傾向
(C)社會的所得分配愈平均，整體平均的消費傾向會愈高
(D)在充分就業的經濟社會中，儲蓄的增加會產生節儉矛盾（paradox of thrift）的現象。
[P.24 92統測]

( )24. 以下有關失業的敘述何者為真？
(A)自然失業包含摩擦性失業與結構性失業
(B)失業率是景氣動向的領先指標
(C)失業率與貿易逆差合稱為痛苦指數
(D)隱藏性失業是指景氣衰退所造成的失業。
[P.32 102統測]

( )25. 若某產品的市場需求線為$P=2,000-Q$，市場供給線為$P=Q$，若此市場為完全競爭市場，而廠商甲為此完全競爭市場的供給者之一。若P為價格，Q為數量，TR為總收益，MR為邊際收益，AR為平均收益，MC為邊際成本，則下列有關廠商甲的敘述何者正確？　(A)$TR=2,000 \times Q$　(B)$MR=1,000$　(C)AR為負斜率的直線　(D)若MR與MC交點的數量$Q=10$，則$TR=20,000$。
[P.14 111統測]

【以下空白】

第五回
歷屆全真統測試題

( )1. 下列何種情境是滿足需求法則？（Q表需求量，P表價格）
(A)財貨F的需求函數為 Q = 100 + 0.3P
(B)財貨G的需求函數為 P = 20 + 65Q
(C)I城市的民眾反應房價愈高，愈買不起房子
(D)H品牌之珠寶售價愈高，其需求量上升，因愈貴愈能彰顯此珠寶的高貴。
P.4[111統測]

( )2. 公共財具有不論是否付費皆能享用的特性，因此消費者會隱瞞其對公共財的需求，此種只想坐享其成而不願付費的現象稱為：
(A)無排他性　(B)搭便車　(C)敵對性　(D)邊際利益。
P.28[98統測]

( )3. 馬歇爾稱短期內使用機器、廠房等固定資本財之報酬為
(A)經濟租　(B)差額地租　(C)稀少地租　(D)準租。
P.18[85中區專夜、89中區專夜]

( )4. 國家貨幣國際標準代號，下列何者正確？
(A)歐元EUR、瑞士法郎CHF
(B)美元USD、人民幣RMB
(C)英鎊GPB、港幣HKD
(D)日圓JYP、澳元AUD。
[101統測]

( )5. 下列敘述何者正確？
(A)經濟問題的產生是因為「慾望無窮，但資源相對有限」
(B)富人沒有「慾望無窮，但資源相對有限」之經濟問題
(C)經濟問題的產生是因為「慾望有限，但資源相對無限」
(D)窮人沒有「慾望無窮，但資源相對有限」之經濟問題。
[99統測]

( )6. 假設其他狀況不變，若公賣局調高米酒價格，人們雖節省用量，但仍對米酒的消費總支出增加。則消費者對米酒的需求彈性為
(A)無窮大　(B)大於1　(C)等於1　(D)小於1。
[87保送甄試]

( )7. 根據恩格爾家庭消費法則，若恩格爾係數愈低，表示
(A)生活水準愈低
(B)生活水準愈高
(C)所得分配愈不平均
(D)所得分配愈平均。
P.8[88保送甄試、88中區專夜]

( )8. 消費者剩餘係指消費者內心所願支付的價格較其實際所支付的價格為
(A)低 (B)高 (C)相等 (D)以上皆非。 [83保送甄試]

( )9. 有關長短期成本的關係，以下敘述何者不正確？
(A)長期平均成本線是短期平均成本線的包絡曲線
(B)長期平均成本線上任一點必與短期平均成本線上某一點相切
(C)長期平均成本必大於等於短期平均成本
(D)長期平均成本線的最低點，也必定是某短期平均成本線的最低點。
P.12[103統測]

( )10. 陳同學辭掉原本的工讀工作，開始創業批貨擺攤，每月的擺攤收入為50,000元，除批貨成本為45,000元之外，並無其他成本支出。原本擺攤前打工一個月的薪資所得為10,000元。陳同學批貨擺攤創業的每月利潤為：
(A)會計利潤為 −5,000元 (B)經濟利潤為10,000元
(C)經濟利潤為 −5,000元 (D)會計利潤為15,000元。 P.12[102統測]

( )11. 某完全獨占廠商短期成本與收益曲線如右圖所示，其中P為價格，Q為數量，AVC為平均變動成本，AC為平均成本，MC為邊際成本，AR為平均收益，MR為邊際收益。請問在利潤最大的條件下，該廠商的產量應設為：
(A)Q_1 (B)Q_2 (C)Q_3 (D)Q_4。 [103統測]

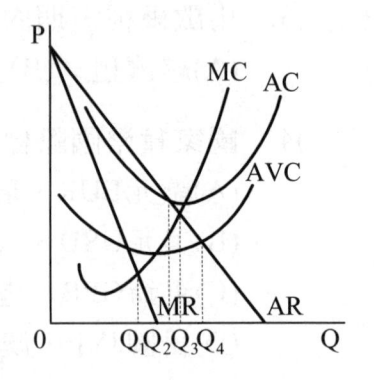

( )12. 對某種財貨需求的變動是指下列何者不變時，需求量有變動？
(A)價格 (B)嗜好 (C)所得 (D)人口。 P.4[86保送甄試]

( )13. 拗折點需求曲線是在說明寡占市場的何種現象？
(A)追求最大市場占有率
(B)產品的同質性
(C)割頸式價格競爭
(D)價格的相對穩定性。 P.14[88保送甄試]

( )14. 若某國之洛侖士曲線（Lorenz curve）如右圖之LC線，則其吉尼係數（Gini's coefficient）及最高與最低所得組倍數分別為何？
(A)0；0 (B)0；1 (C)1；0 (D)1；1。
P.16[105統測]

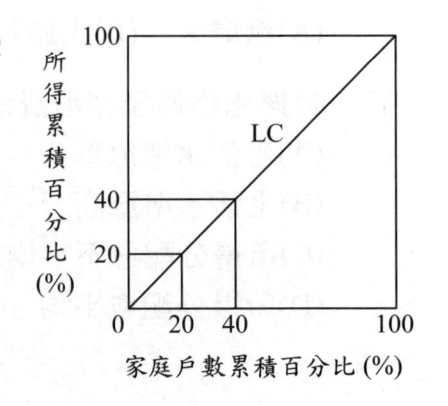

( )15. 假設某一國家僅生產及消費A、B、C三種商品，2009年之單位價格分別為15、20、30元，產量分別為100、150、50單位；2010年之單位價格分別為20、20、35元，產量分別為120、100、100單位，若以2009年為基期，則下列何者正確？
(A)2010年名目GDP為6,800元　(B)2010年實質GDP為7,900元
(C)2009年名目GDP為6,000元　(D)2009年實質GDP為12,750元。　P.22[100統測]

( )16. 「依要素成本計算的國民所得（NI）」，其計算式為下列何者？
(A)消費＋淨投資＋政府支出＋淨輸出
(B)國內生產毛額（GDP）－企業間接稅淨額
(C)所有最終產品市場價格乘以數量
(D)工資＋租金＋利息＋利潤＋國外要素所得淨額。　P.22[88保送甄試改編]

( )17. 若邊際消費傾向（MPC）為0.75，自發性消費增加5億元，則邊際儲蓄傾向（MPS）、投資乘數（K）及所得增加額（ΔY）分別為
(A)MPS＝0.25，K＝4，ΔY＝20億元
(B)MPS＝$\frac{1}{0.25}$，K＝$\frac{3}{4}$，ΔY＝3.75億元
(C)MPS＝$\frac{1}{0.25}$，K＝4，ΔY＝20億元
(D)MPS＝0.25，K＝5，ΔY＝25億元。　P.24[84中區專夜]

( )18. 下列有關平均產出的敘述，何者正確？
(A)隨邊際產出的下降而增加，且隨邊際產出的上升而減少
(B)隨邊際產出的上升而增加，且隨邊際產出的下降而減少
(C)必定小於邊際產出
(D)當其等於邊際產出時，其值為最大。　P.10[92統測]

( )19. 當流動性陷阱存在，為促使經濟景氣復甦，比較使用貨幣政策與財政政策兩者有效性，下列敘述何者正確？
(A)使用貨幣政策比財政政策來得有效
(B)使用財政政策比貨幣政策來得有效
(C)使用貨幣政策與財政政策同樣有效
(D)使用貨幣政策與財政政策同樣無效。　P.26[93統測]

( )20. 來自台灣的某甲成立跨國食品公司，前往印尼設廠生產，帶入生產技術，雇用當地勞工及購買當地原物料，並將產品出口至其他東協成員國。對印尼而言，某甲之國際投資方式稱為：
(A)國際糧食援助　　　　(B)外資貸款投資
(C)外人證券投資　　　　(D)外人直接投資。　[105統測]

( )21. 下列敘述有哪些是錯誤的？
①降低租稅稅率是屬於緊縮性的經濟政策
②資本內流使外匯供給增加
③景氣衰退時，政府應出售政府債券以茲因應
④目前我國的中央銀行是隸屬於總統府管轄。
(A)①②④　(B)①③④　(C)②③④　(D)③④。

( )22. 所謂自然失業率是指在充分就業之下，仍有失業人口存在，自然失業包括：
(A)結構性失業與隱藏性失業
(B)循環性失業與摩擦性失業
(C)結構性失業與摩擦性失業
(D)結構性失業與循環性失業。

( )23. 下列敘述，何者正確？
(A)內生成長理論強調人力資本等再生性要素（邊際生產力為非遞減）的重要性
(B)降低利率是屬於擴張性的財政政策
(C)降低本國相對於外國的物價水準，會使本國的進口相對增加
(D)國人出國旅遊，會形成對外匯的供給。

( )24. 下列敘述，何者正確？
(A)投資的邊際效率小於市場利率時，則投資會增加
(B)閒置資本若愈多，則加速現象會愈明顯
(C)邊際儲蓄傾向若愈大，則自發性乘數會愈小
(D)儲蓄增加，則有效需求會增加。

( )25. 有關獨占與完全競爭兩種市場廠商在長期間的行為，何者正確？
(A)獨占廠商容易進入與退出，但完全競爭市場廠商有進入障礙
(B)完全競爭市場廠商可控制供給，但獨占廠商對供給影響力消失
(C)完全競爭市場廠商利潤為零，但獨占廠商的利潤則可能存在正利潤
(D)均成為價格接受者。

【以下空白】

第六回
歷屆全真統測試題

( ) 1. 若財貨X之價格為P_x、供給量為Q_x^s、需求量為Q_x^D，財貨Y之需求量為Q_y^D。下列敘述何者正確？
(A)當供給線上之P_x由80上升為120，Q_x^s由10提高為11，則此供給線會通過原點
(B)若P_x提高會使Y需求增加，則財貨Y與財貨X互為供給上的替代品
(C)當P_x由20下跌為15，某廠商所面對之Q_x^D由50提高為80，則此廠商漲價可增加收入
(D)不論P_x如何變動，消費者對財貨X之支出金額不變，則財貨X之需求價格彈性為1。
[P.4、P.5[110統測改編]]

( ) 2. 選擇何種生產方式可以達到最大的生產效率，是指下列哪一項基本的經濟問題？
(A)生產什麼（what） (B)如何生產（how）
(C)何時生產（when） (D)為誰生產（for whom）。
[100統測]

( ) 3. 若澎湖縣的房屋供給線為正斜率的直線，而需求線為負斜率的直線，當房屋供給增加幅度大於房屋需求減少幅度，則澎湖縣的房屋價格與交易量會如何改變？
(A)價格上升，交易量減少 (B)價格下跌，交易量增加
(C)價格下跌，交易量減少 (D)價格上升，交易量增加。
[98統測]

( ) 4. 張同學一家人於放假期間，看電影、租錄影帶與吃爆米花的總效用分別如下表。假設電影票價每部為$600，錄影帶租借價格每支為$200，爆米花價格每包為$100。若其消費預算上限為$1,200，則下列何種消費組合可使其效用達到最大？

數量	電影總效用	租錄影帶總效用	爆米花總效用
1	3,000	1,400	800
2	5,400	2,400	1,300
3	7,200	3,000	1,500
4	8,400	3,200	1,600

(A)1部電影、3支錄影帶、0包爆米花
(B)1部電影、2支錄影帶、2包爆米花
(C)1部電影、1支錄影帶、4包爆米花
(D)2部電影、0支錄影帶、0包爆米花。
[P.8[102統測]]

( ) 5. 若廠商的短期邊際成本MC線為U字型，則下列敘述何者正確？
(A)AC與AVC線之垂直距離恰等於TC與TVC線之垂直距離
(B)MC線的下降部分，穿過AC與AVC線之最低點
(C)TFC與AFC線皆為水平線
(D)MC線最低點的產量恰等於TC與TVC線轉折點（inflection point）的產量。
[P.12[89推薦甄試]]

( )6. 在短期間發生邊際報酬遞減現象，是因為：
(A)所有生產因素均可變動
(B)技術經常改變
(C)有些生產因素固定
(D)所有生產因素均固定。 [94統測]

( )7. 下列敘述哪些正確？
①短期平均成本曲線（SAC）呈U字型是因生產要素的邊際生產力先遞增後遞減所造成
②長期平均成本曲線（LAC）呈U字型是因外部經濟與外部不經濟所造成
③LAC整條往下或往上移動是因規模經濟與規模不經濟所造成
④機會成本的存在主要是因為資源有諸多不同的用途
(A)①②　(B)②③　(C)③④　(D)①④。 P.12[85北區專夜]

( )8. 因產業的特性，使一廠商之最適規模下的產量，就足以供應整個市場需求，而形成獨占，稱之為
(A)差別獨占
(B)法律保障的獨占
(C)資源控制的獨占
(D)自然獨占。 P.14[87保送甄試]

( )9. 若一完全競爭廠商的短期各成本線如右圖所示，圖中ATC為平均成本、AVC為平均變動成本、MC為邊際成本，B點為ATC的最低點，C點為AVC的最低點，A點對應的縱座標為22，B點對應的縱座標為20。下列敘述何者正確？
(A)廠商歇業的損失為35
(B)若市場均衡價格為15時，此廠商仍會繼續生產
(C)短期歇業點為B點
(D)若市場均衡價格為25時，此廠商的獲利僅有正常利潤。 [104統測]

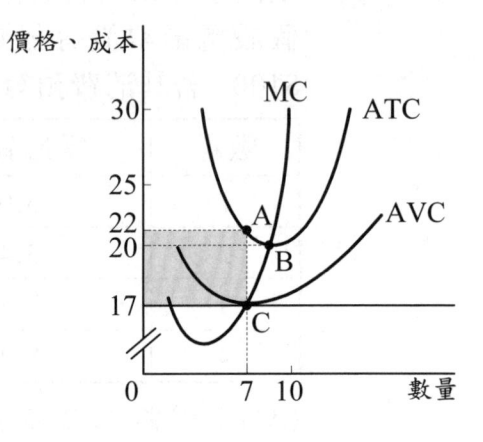

( )10. 獨占廠商的短期均衡條件為
(A)價格等於邊際成本
(B)價格等於平均成本
(C)邊際收益等於邊際成本
(D)平均收益等於平均成本。 P.14[88中區專夜、89四技二專]

( )11. 依據寡占市場「拗折的需求曲線」（kinked demand curve）理論，當某廠商面臨其他廠商漲價時，該廠商的反應策略為
(A)漲價　(B)降價　(C)維持原價　(D)減少產量。

( )12. 一家廠商在完全競爭因素市場，僱用兩種生產因素X與Y，生產產品A，且將它賣於完全競爭產品市場。如果X與Y的邊際實物產量分別為6與4，同時，X與Y的單位價格分別為18元與12元。在追求利潤最大化下，這家廠商達均衡時，產品A的單位價格應為多少元？
(A)0.5　(B)0.67　(C)3　(D)5。

( )13. 假設某甲將其土地出租，每月可得5萬元，若當時年利率為2%，則可概略估算該土地的買賣價格為：
(A)60萬元　(B)250萬元　(C)1,250萬元　(D)3,000萬元。

( )14. 若名目利率為8%而通貨膨脹率為4%，則實質利率為
(A)12%　(B)6%　(C)8%　(D)4%。

( )15. 若已知一國某年的各項所得如下：消費（C）為200、投資（I）為150、政府支出（G）為100、淨出口（X－M）為100，間接稅為50，政府補貼為50，國外要素所得淨額為50，則下列何者正確？
(A)國民所得毛額（GNI）為500
(B)若折舊為100時，則國民所得淨額（NNI）為550
(C)若折舊為100時，國民所得（NI）為500
(D)國內生產毛額（GDP）為600。

( )16. 下列敘述何者錯誤？
(A)亞當斯密（Adam Smith）謂「冥冥中看不見的手」（an invisible hand）是指價格機能
(B)邊際效用派認為鑽石與水的價格矛盾可用邊際效用來解釋
(C)英國經濟學者馬歇爾（A. Marshall）為經濟學「部份均衡分析」的創始者
(D)凱因斯理論解決了1970年代停滯性膨脹（stagflation）的難題。

( )17. 凱因斯理論中，所謂節儉的矛盾（paradox of thrift）係指整體社會想（預擬）儲蓄愈多，所做到（實現）的是：
(A)儲蓄不變或減少，所得減少
(B)儲蓄減少，所得不變
(C)儲蓄增加，所得增加
(D)儲蓄不變，所得不變。

(　)18. 設消費函數為C＝100＋0.8Y，均衡所得為1,000，則計劃儲蓄為
(A)900　(B)300　(C)100　(D)-100。

(　)19. 有關貨幣數量學說，下列哪位學者提出現金餘額說，認為貨幣數量會和期間內購買之所有最終財貨之名目貨幣總值成比例關係？
(A)費雪（I. Fisher）　　　(B)馬歇爾（A. Marshall）
(C)凱因斯（J. Keynes）　　(D)顧志耐（S. Kuznets）。

(　)20. 下列敘述何者錯誤？
(A)公營事業只能由政府100%獨資經營
(B)中央銀行為中央造幣廠、中央印製廠的主管機關
(C)所得稅為租稅收入的一種
(D)台灣自來水公司為公營事業。

(　)21. 在其他情況不變下，新台幣貶值對我國國際貿易所造成的影響為
(A)出口增加，進口減少　　(B)出口減少，進口增加
(C)出口不變，進口增加　　(D)出口減少，進口不變。

(　)22. 下列何者不是加入世界貿易組織（WTO）之規範？
(A)必須廢除關稅與非關稅之貿易障礙
(B)各國產業之技術必須升級
(C)無歧視性之國際貿易環境
(D)經由談判逐步開放市場。

(　)23. 政府在經濟景氣低迷時，下列何者為正確的經濟政策？
(A)調降租稅
(B)公共投資減少
(C)提高重貼現率
(D)中央銀行在公開市場賣出債券。

(　)24. 下列哪一項為政府擴張性的貨幣政策？
(A)提高重貼現率　　(B)提高法定準備率
(C)增加公共支出　　(D)買入有價證券。

(　)25. 阿寶家裡有四個兒子，大寶、二寶、三寶及四寶，下列有關此四兄弟之經濟行為，何者會被計入國內生產毛額（GDP）中？
(A)大寶花2,000元買了一輛二手腳踏車
(B)二寶買了一輛當年度生產的新腳踏車
(C)三寶把他的腳踏車送給了四寶
(D)四寶在股票市場買了1,000股生產腳踏車公司的股票。

【以下空白】

第七回
歷屆全真統測試題

( )1. 下列何項不是個體經濟學所探討的問題？
(A)財貨與勞務價格的決定
(B)消費者對各種財貨之間的所得調配
(C)國民所得水準的決定
(D)廠商對特定財貨的生產量。　　[88南區專夜]

( )2. 下列有關需求曲線的敘述，何者正確？
(A)夏天太熱，使得冷飲的需求曲線向左移
(B)火鍋料的成本上漲，使得吃火鍋的需求曲線向左移
(C)所得增加，使得冷氣機的需求曲線向右移
(D)腳踏車廠商擴大產能，使得腳踏車的需求曲線向右移。　　[98統測]

( )3. 右圖中的水平軸為X財貨的數量，垂直軸為Y財貨的價格，而兩種財貨的關係如圖中的EE線，則
(A)X財貨與Y財貨均為劣等財
(B)X財貨為劣等財，Y財貨為正常財
(C)X與Y財貨互為互補品
(D)X與Y財貨互為替代品。　　P.5[84北區專夜]

( )4. 若課本的價格上漲10%，而需求量減少2%，則課本的需求價格彈性為：
(A)0.2　(B)2.0　(C)5.0　(D)10。　　[98統測]

( )5. 大雄每天消費兩種正常財X與Y各10單位，且第10單位的X與Y之邊際效用皆等於16。若每單位的X與Y之價格分別為$3與$4，在原預算水準下，大雄應如何改變X與Y的消費組合，才可使他的總效用增加？
(A)同時減少X與Y的消費
(B)同時增加X與Y的消費
(C)減少X消費，但增加Y的消費
(D)增加X消費，但減少Y的消費。　　P.8[94統測補考]

( )6. 恩格爾係數＝(X÷Y)×100%，下列何者錯誤？
(A)X為糧食費用
(B)Y為家庭總所得
(C)此係數可用來衡量家庭生活水準之高低
(D)根據恩格爾法則，此係數愈大，代表所得分配愈不平均。　　P.8[104統測]

( )7. 關於總產出（TP）、平均產出（AP）、與邊際產出（MP）三者關係的敘述，下列何者錯誤？
(A)當MP＝0時，TP最大且AP＞0
(B)當AP＜MP時，AP遞增且MP遞增
(C)當MP＜0且AP＞0時，TP遞減
(D)當AP＝MP時，AP最大且MP＞0。 P.10[89推薦甄試]

( )8. 廠商擴大生產所產生規模不經濟（diseconomies of scale）現象，請問會是下列哪一項原因造成？
(A)政府提高營業稅
(B)石油價格上升
(C)管理困難
(D)公共建設不足。 [95統測]

( )9. 若長期平均成本LAC隨產量增加而遞增，此時稱為：
(A)邊際報酬遞增　　　　(B)邊際報酬遞減
(C)規模報酬遞增　　　　(D)規模報酬遞減。 P.12[105統測]

( )10. 一獨占廠商對甲乙兩市場採行差別訂價，若甲市場需求彈性為2，乙市場需求彈性為5，下列何者最可能是獨占廠商的訂價？
(A)甲：100元，乙：60元
(B)甲：100元，乙：160元
(C)甲：60元，乙：100元
(D)甲：160元，乙：100元。 P.14[105統測]

( )11. 比較產品的完全競爭市場、獨占市場、及不完全競爭市場相似之處，下列敘述何者錯誤？
(A)不完全競爭廠商與獨占廠商所面對的市場需求曲線，斜率為負值
(B)四個市場的廠商追求利潤最大的條件皆為MR＝MC
(C)完全競爭廠商與獨占廠商短期的供給曲線，皆為大於平均變動成本之邊際成本線
(D)三個市場的廠商達短期均衡時發生虧損，只要價格大於平均變動成本，皆不必歇業。 P.14[93統測]

( )12. 若消費函數$C=200+0.6Y_d$（Y_d：可支配所得），當所得增加時，則
(A)平均消費傾向固定
(B)平均儲蓄傾向減少
(C)邊際消費傾向增加
(D)邊際儲蓄傾向固定。 P.24[88北區專夜]

( )13. 下列何者不是測量所得分配不均程度的方式？
　　　(A)洛侖士曲線（Lorenz Curve） (B)吉尼係數
　　　(C)最高與最低所得差距的倍數 (D)貨幣乘數。

( )14. 有關利息與利潤，下列敘述何者錯誤？
　　　(A)今朝有酒今朝醉的人，其時間偏好率大於囤米囤糧積家業的人的時間偏好率
　　　(B)家計單位把窖藏家中的現金轉存金融機構，將使利率飆漲
　　　(C)利息是為了補償犧牲目前的消費
　　　(D)利潤可由創新產生。

( )15. 以GDP衡量一國經濟福利仍存有許多缺點，因此許多經濟學者便加以修正，例如諾德浩斯與杜賓所提出的經濟福利量度（MEW），以及薩穆遜的經濟福利淨額（NEW）；為能夠更真實衡量出經濟福利，下列哪一項必須扣除？
　　　(A)生產時所造成的社會成本 (B)休閒
　　　(C)圖書館的價值 (D)未上市產品的價值。

( )16. 假設某甲今年購買名貴二手皮包價值3萬元；某乙在醫院擔任未支薪的志工，其對等臨時工資全年約值12萬元；某台商企業今年度國外廠房修繕，支付工程費用給外國業者20萬元；美國籍的某丁今年在台灣工作3個月，雇主每月支付給某丁的薪資6萬元。請問以上項目列入今年度我國國內生產毛額計算的總值是多少？　(A)3萬元　(B)12萬元　(C)18萬元　(D)38萬元。

( )17. 在無貿易部門的經濟體系中，若消費函數為$C=100+0.8Y_d$（Y_d：可支配所得），淨投資為$I=40$，政府支出為$G=60$，政府稅收為$T=50$，而充分就業的所得水準為1,000，則緊縮缺口（D_g）與政府平衡預算乘數（K_b）分別為若干？
　　　(A)$D_g=200$，$K_b=5$ (B)$D_g=40$，$K_b=5$
　　　(C)$D_g=200$，$K_b=1$ (D)$D_g=40$，$K_b=1$。

( )18. 費雪（Irving Fisher）強調貨幣之交易媒介功能，並提出交易方程式，其中M：貨幣數量、P：物價水準、V：貨幣流通速度、T：總產出、K：人們手中握有的貨幣總額占總所得的比例。下列何者正確？
　　　(A)MP=VT　(B)MT=PV　(C)MK=VT　(D)MV=PT。

( )19. 下列敘述有哪些是錯誤的？
　　　①凱因斯認為投機動機的貨幣需求是與所得水準呈反向變動
　　　②古典學派認為貨幣的供需決定利率水準的高低
　　　③凱因斯認為利率太高會產生流動性陷阱
　　　④古典學派的貨幣數量學說認為貨幣供給額增加一倍，利率水準也會隨著提高一倍
　　　(A)①③　(B)②④　(C)②③④　(D)①②③④。

(　)20. 經濟繁榮接近充分就業時，經濟指標所表現的是
(A)產量增加，物價水準上升
(B)產量增加，物價水準下跌
(C)產量減少，物價水準上升
(D)產量減少，物價水準下跌。
P.32[88中區專夜]

(　)21. 下列何者會增加本國的外匯供給？
(A)本國財貨或勞務的出口
(B)本國政府對外國的援助
(C)本國進口商支付進口商品的貨款
(D)本國國民出國旅遊期間在國外的支出。
P.30[96統測]

(　)22. 以下哪個國家不是亞太經濟合作會議（APEC）會員經濟體？
(A)澳洲　(B)印度　(C)俄羅斯　(D)墨西哥。
[103統測]

(　)23. 以下何者屬於景氣落後指標？
(A)工業生產指數
(B)製造業存貨率
(C)製造業銷售量指數
(D)製造業存貨量指數。
[105統測]

(　)24. 下列何者不屬於矯正市場失靈的政府干預行為？
(A)由政府支付嚴重特殊傳染性肺炎（COVID-19）確診者之治療費用
(B)為保護本國產業的發展，對於外國進口商品課徵關稅
(C)由政府以公營方式經營具有自然獨占特性之自來水廠
(D)對噪音超標行為取締並處罰，以降低環境污染。
P.28[110統測]

(　)25. 下列有關「知識經濟」（knowledge economy）的敘述，何者不正確？
(A)企業家使用土地、資本、勞動來生產是最重要的，知識僅扮演輔助的工具
(B)知識經濟重視知識資產的累積、傳遞與應用
(C)教育的投資是知識經濟成功的重要因素
(D)研發經費支出占國內生產毛額比重提高，是轉向知識經濟的特徵之一。
P.34[100統測]

【以下空白】

第八回
歷屆全真統測試題

( )1. 下列何種情形會使一國的生產可能曲線移動？
(A)利率下跌
(B)人們對兩產品的需求一增一減
(C)財貨與勞務的價格提高
(D)一國所擁有的資源數量增加。　P.2[98統測]

( )2. 若財貨A的需求函數為Q＝100－2P，其中Q為需求量，P為價格，則下列敘述何者正確？
(A)若財貨A為正常財，所得增加時，在P＝10時，Q低於80
(B)若財貨A之替代品價格上漲時，在P＝20時，Q高於60
(C)若預期未來價格將上漲，在P＝30時，Q低於40
(D)若財貨A為劣等財，所得增加時，在P＝25時，Q高於50。　[99統測]

( )3. 若財貨X之需求線為負斜率直線，供給線為正斜率直線，兩線之交點為A點，且供給線通過原點。若P表價格，Q表數量，當P＝30時之需求量為0，下列敘述何者正確？
(A)若A點對應之P＝15且Q＝10，則消費者剩餘為150
(B)若A點對應之P＝20且Q＝12，則生產者剩餘為60
(C)若A點對應之P＝10且Q＝10，則A點之供給的價格彈性為1
(D)若A點對應之P＝5且Q＝10，當預期未來價格會上漲，則新均衡數量必大於10。
　[111統測]

( )4. 近年來，麵粉、白米、沙拉油等民生物資的價格持續上漲，讓不少民眾與業者大喊吃不消。試問政府若要遏止漲風，較適合採行下列哪一項政策？
(A)價格上限政策
(B)價格下限政策
(C)最低管制價格政策
(D)保證收購價格政策。　P.5[98甄試範例]

( )5. 下表為某一消費者對X與Y兩種財貨的邊際效用，表中MU為邊際效用，Q為數量，假設X與Y的價格皆為2元，消費者可支配所得為20元時，請問此消費者在消費均衡時的總效用為多少？
(A)116　(B)159　(C)100　(D)114。　P.8[104統測]

Q\MU	1	2	3	4	5	6	7	8	9	10	11
MU_x	16	14	11	10	9	8	7	6	5	3	1
MU_y	15	13	12	8	6	5	4	3	2	1	0

(　)6. 人們逛街購物時通常會認為貨比三家不吃虧，主要是希望能夠增加？
(A)均衡價格　(B)邊際收益　(C)消費者剩餘　(D)生產者剩餘。　P.8[100統測]

(　)7. 若某物價格上漲，引起該物需求量增加，則下列何者正確？
(A)此物為自由財　　　　　　(B)此符合需求法則
(C)此物可能為炫耀財或季芬財　(D)此種變動為需求的變動。　P.4[89推薦甄試]

(　)8. 下列敘述何者有誤？
(A)由於資源的用途不只一種，因此會有機會成本產生
(B)長期平均成本（LAC）曲線是短期平均成本（SAC）曲線的包絡線（envelope curve）
(C)U字型的LAC曲線是由每一條SAC曲線的最低點所組成
(D)廠商生產時所產生的外部成本，並沒有被計入在他的生產成本中。
P.2、P.12、P.34[87四技二專]

(　)9. 下列何者會使長期平均成本呈現遞減現象？
(A)在技術不變下，不斷增加勞動的雇用量
(B)擴大規模下，因大規模採購生產要素而獲得折扣，使成本下降
(C)政府改善交通建設，使運輸成本降低
(D)政府為改善財政赤字，對所有廠商加稅。　P.12[104統測]

(　)10. 下列有關完全競爭市場之敘述，何者錯誤？
(A)廠商在短期均衡時，若經濟利潤為正，則其AC會達到最低
(B)廠商長期下來經濟利潤一定為零
(C)廠商短期的供給曲線是AVC線最低點以上之MC線段
(D)廠商之AR＝MR，且為水平直線。　P.14[86四技二專]

(　)11. 地攤小販叫價衣服一件200元，三件450元，此乃屬於那一種類型的差別訂價？
(A)第二級價差（區間訂價法Block Pricing）
(B)第一級價差（完全差別訂價Perfect Price Discrimination）
(C)第三級價差（市場分割訂價法Market Seperating Pricing）
(D)邊際成本訂價法（Marginal Cost Pricing）。　[89北區專夜]

(　)12. 若一獨占性競爭廠商，右圖為其需求線（D）、邊際收入線（MR）、平均成本線（AC）與邊際成本線（MC）。在短期均衡下，下列何者正確？
(A)均衡價格為15
(B)均衡價格為10
(C)均衡數量為100
(D)均衡數量為130。　P.14[102統測]

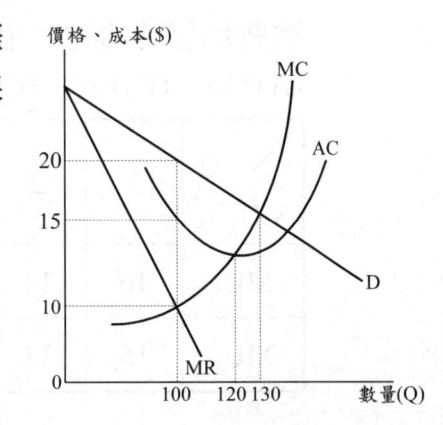

( )13. 若L表勞動，K表資本，MPP_L表勞動邊際生產力，MPP_K表資本邊際生產力，P_L 表勞動價格，P_K 表資本價格。當 $(\frac{MPP_L}{P_L})>(\frac{MPP_K}{P_K})$，為使兩者達到相等，生產者可使用哪一種調整方式？
(A)增加L使用量　(B)增加K使用量
(C)同時增加L及K的使用量　(D)同時減少L及K的使用量。

( )14. 耐久性資本財在短期內無法增加，因而能獲得暫時性的超額利潤，此種所得稱為　(A)經濟租　(B)準租　(C)地租　(D)生產者剩餘。

( )15. 下列敘述何者錯誤？
(A)在充分就業下的失業率稱為自然失業率
(B)消費過多所造成的物價膨脹為需要拉動型
(C)在哈羅德－多瑪（Harrod-Domar）的成長模型中，經濟成長率G的公式為 G=(儲蓄率／資本係數)
(D)所謂「痛苦指數」（discomfort index）係指利率與物價上漲率之和。

( )16. 因對國民所得會計帳的計算有開創性的貢獻，被稱為「國民所得之父」的是下列哪位學者？
(A)李嘉圖（D. Ricardo）　(B)顧志耐（S. Kuznets）
(C)盧卡斯（R. Lucas）　(D)亞當斯密（A. Smith）。

( )17. 下列有關凱因斯（Keynes）有效需求（effective demand）理論中「短期消費函數」的敘述，何者錯誤？
(A)自發性支出（autonomous consumption）與當期可支配所得無關
(B)平均消費傾向（APC）大於邊際消費傾向（MPC）
(C)平均消費傾向（APC）會隨當期可支配所得增加而遞增
(D)0＜邊際消費傾向（MPC）＜1。

( )18. 在簡單凱因斯模型下，Y＝C＋I，其中Y為所得，C為消費，I為投資。C＝100＋0.6Y，I＝150，若緊縮缺口為100，則充分就業所得水準為以下何者？
(A)375　(B)625　(C)750　(D)875。

( )19. 流動性陷阱（liquidity trap）在下列那一種情況會存在？
(A)投資對利率缺乏彈性時
(B)投資對利率的彈性無限大時
(C)貨幣需求對利率缺乏彈性時
(D)貨幣需求對利率的彈性無限大時。

( )20. 設生產一單位的布及一單位的玉米以勞動小時計,我國與美國所需要的勞動小時如右表。試問下列何者符合絕對利益原則?
(A)我國出口玉米,進口布
(B)美國出口布,進口玉米
(C)我國出口玉米,美國出口布
(D)我國出口布,美國出口玉米。

勞動小時	我國	美國
布	60	90
玉米	70	50

P.30[87南區專夜]

( )21. 在其他條件不變下,下列有關我國貨幣貶值所產生的效果,何者正確?
(A)國人出國的旅遊費用降低
(B)進口商品的本國價格下跌
(C)不利於外幣資產之持有者
(D)我國出口產品的競爭力增強。

P.30[98統測]

( )22. 比較需求拉動的物價膨脹與成本推動的物價膨脹,何者正確?
(A)兩者顯示物價變動方向相同,但所得變動方向不同
(B)兩者顯示物價變動方向不相同,但所得變動方向相同
(C)兩者顯示物價與所得變動方向均相同
(D)兩者顯示物價與所得變動方向均不相同。

P.32[93統測]

( )23. 下列何者不會影響自然失業率的高低?
(A)社會產業結構改變　　　(B)人口年齡結構改變
(C)景氣循環　　　　　　　(D)人們消費偏好改變。

P.32[94統測]

( )24. 亞當斯密(Adam Smith)認為經濟要成長,關鍵在於
(A)分工　　　　　　　　　(B)人口與自然資源
(C)創新行為　　　　　　　(D)投資的雙元性。

P.34[88保送甄試]

( )25. 下列有關利率與利潤的敘述,何者錯誤?
(A)利潤為企業的剩餘所得,而利潤的功能之一為可誘發創新
(B)凱因斯強調當利率水準上升時,投機動機的貨幣需求會下降
(C)若某甲向銀行貸款1,000萬元,當利率調高3碼時,其一年須多支付的利息為7.5萬元
(D)當名目利率由1%提高為2%,而預期物價上漲率由2%下跌至1%,則實質利率不變。

P.20[109統測]

【以下空白】

第九回
歷屆全真統測試題

( )1. 國際投資可分為直接投資與間接投資兩種方式,下列何者為間接投資的型態?
(A)甲國之企業以合資方式將資金移轉至乙國
(B)甲國之企業獨資前往乙國設置營業據點
(C)甲國之企業將生產技術移轉至乙國
(D)甲國之銀行購買乙國企業的公司債。 [102統測]

( )2. 購買二手車的時候,買方常因為不瞭解該輛二手車而買貴了,這樣的過程稱之為? (A)逆選擇 (B)道德危險 (C)尋租行為 (D)超額供給。 [100統測]

( )3. 若小胡花在X財貨最後一元的邊際效用,大於花在Y財貨最後一元的邊際效用,則為了提高他的效用,他應該:
(A)增加消費X財貨
(B)減少消費X財貨
(C)維持不變
(D)全部預算購買Y財貨。 P.8[105統測]

( )4. 某消費者僅飲用咖啡和紅茶兩種飲料,且對咖啡或紅茶完全沒有差別,表示咖啡和紅茶對該消費者而言是:
(A)劣等財(inferior goods)
(B)替代品(substitute goods)
(C)互補品(complement goods)
(D)季芬財(Giffen goods)。 [95統測]

( )5. 下列哪一項是屬於外匯需求的來源?
(A)廠商進口商品或勞務時所支付的款項
(B)外國人到本國旅遊、留學、洽公的支出
(C)外國償付本國債務
(D)中央銀行在外匯市場賣出外匯。 [100統測]

( )6. 李先生透過甲證券公司之網路下單系統買入5張乙公司股票,每股成交價為30元。請問此交易是屬於下列何種市場之交易?
(A)基金市場 (B)外匯市場 (C)初級市場 (D)次級市場。 [99統測]

( )7. 下列關於利率的敘述,何者正確?
(A)為商品的價格
(B)投機動機的貨幣需求為利率的增函數
(C)名目利率為3%,預期通貨膨脹率為2%,則實質利率為5%
(D)可貸資金說主張「可貸資金的供給是利率的增函數」。 [104統測]

( )8. 在短期，下列何種情況必定會使競爭市場中的廠商生產量為0？
(A)平均收益低於平均成本
(B)廠商最大利潤為負
(C)價格低於短期平均變動成本最低點
(D)短期總成本超過總收益。
P.14[92統測]

( )9. 若財貨X的需求函數$Q_X = 17 - 2P_X$，而供給函數$Q_X = -1 + P_X$，Q_X表數量，P_X表價格，則下列何者正確？
(A)均衡價格為7　　(B)均衡價格為5
(C)均衡數量為6　　(D)均衡數量為5。
[97統測]

( )10. 已知某國勞動力為100萬人，自願性失業為30萬人，隱藏性失業為10萬人，放無薪假為3萬人，摩擦性失業為2萬人，結構性及循環性失業為5萬人。請問該國失業率為何？　(A)7%　(B)20%　(C)37%　(D)50%。
P.32[98統測]

( )11. 下列敘述何者錯誤？
(A)乘數原理由凱因斯提出
(B)投資的邊際效率高於市場利率，則投資可進行
(C)加速原理認為投資是國民所得變動量的函數
(D)資本產出比率愈小，則加速效果愈大。
P.24[86四技二專]

( )12. 某廠商的短期成本、收益線如右圖所示，今該廠商為獲得最大利潤，其產量應選擇
(A)75單位
(B)67單位
(C)60單位
(D)50單位。
P.14[86中區專夜]

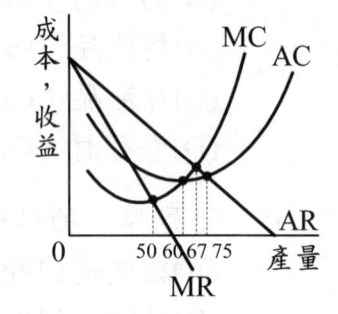

( )13. 下列有關景氣循環（business cycle）的敘述，何者正確？
(A)景氣對策訊號是由行政院經濟部發佈
(B)景氣循環通常是非定期且週而復始的循環波動現象
(C)景氣循環若由谷峰（peak）下降至谷底（trough）的階段，稱為擴張期（expansion）
(D)若景氣對策訊號呈黃藍燈，政府可採取緊縮性貨幣政策因應。
P.32[94統測]

( )14. 企業與國內之農業經營者契作毛豆，以100萬元代價取得採收完的毛豆，進入冷凍加工場加工。最後有80%的產品出口，20%的產品在國內販售。出口金額為1,000萬元，國內販售銷售額為400萬元，該企業的附加價值為多少萬元？
(A)1,400　(B)1,300　(C)600　(D)100。
[103統測]

( )15. 消費者剩餘是 (A)供給者利益的犧牲 (B)消費者多得的貨幣利得 (C)消費者心理上滿足的增量 (D)供給者補貼消費者的金額。

( )16. 經濟活動的規律性又稱景氣循環，不同階段大致分為四期，下列何者正確？
(A)繁榮期→衰退期→復甦期→蕭條期
(B)繁榮期→衰退期→蕭條期→復甦期
(C)復甦期→蕭條期→衰退期→繁榮期
(D)復甦期→衰退期→繁榮期→蕭條期。

( )17. 有關生產的三個概念，下列何者有誤？
(A)AP最大時，AP＝MP
(B)MP＜0時，TP遞減
(C)AP遞增時，AP＜MP
(D)TP遞增時，MP遞減。

( )18. 下列有關寡占廠商的敘述，何者錯誤？
(A)產品市場常有價格僵固的現象
(B)各生產者之間較少採價格競爭，因而相互依存性亦低
(C)各生產者均無產品供給曲線
(D)主要生產者的人數較少，且其產量在市場總銷售量中，占一顯著的比例。

( )19. 央行為避免物價膨脹，可採取的貨幣政策為 (A)增加公共投資 (B)降低再貼現率 (C)在公共市場買進各種證券 (D)提高銀行的法定存款準備率。

( )20. 小珂獲得若干個暑假工讀機會，分別是到甲、乙、丙、丁等四家公司任職，其工讀金依序分別為7千元、8千元、9千元及1萬元；工作時間及其他條件皆相同，若小珂最後選擇前往丁公司任職，請問其機會成本為多少？
(A)9千元 (B)1萬元 (C)7千元 (D)3萬4千元。

( )21. 某國1990年的實質GDP為400億美元，1991年的名目GDP為460億美元，若這段期間的物價膨脹率為10%，則實際經濟成長率約為
(A)15% (B)13% (C)4.5% (D)7.5%。

( )22. 「知識經濟」是一種以知識為基礎的經濟型態。「知識經濟學」依實證經驗發展而成，旨在探討如何累積知識以讓經濟持續成長，而知識可意指一種觀念、科學方法或特定技術等。以下何種經濟成長理論與「知識經濟學」的理論形成之相關度最低？ (A)馬爾薩斯（Malthus）的人口與經濟成長理論 (B)梭羅（Solow）的新古典成長理論 (C)羅莫（Romer）、盧卡斯（Lucas）等的內生成長理論 (D)熊彼得（Schumpeter）的創新成長理論。

( )23. 勞動的邊際生產收益（MRP_L）是指：
(A)工資和勞動的邊際產量相乘
(B)工資和勞動雇用量相乘
(C)產品的邊際成本和勞動的邊際產量相乘
(D)產品的邊際收益和勞動的邊際產量相乘。　　[103統測]

( )24. 在加入政府部門之凱因斯模型中，$Y=C+I+G$，$C=100+0.6Y_d$，$Y_d=Y-T$，$I=50$，其中C為消費、I為投資、G為政府支出、Y_d為可支配所得、T為稅收。下列敘述何者正確？
(A)政府支出由200增加到250時，均衡所得將增加150
(B)若膨脹缺口為20，則產出缺口為50
(C)若$T=50$、$G=200$，均衡所得為1,000
(D)當所得為1,000時，自發性消費為700。　　P.24[111統測]

( )25. 下表為某廠商短期下之各種產量的要素投入數量及成本之變動關係。表中Q為產量，L為勞動投入量，TFC為總固定成本，TVC為總變動成本，TC為總成本，AC為平均（總）成本，AVC為平均變動成本，MC為邊際成本。若變動生產要素只有勞動且其他條件不變下，下列敘述何者錯誤？

Q	TFC	L	TVC	TC	AC	AVC	MC
0	4,000	0	0	X_3			
100		1	1,000		X_5		
250		2				X_6	
420	X_1	3					
580		4	X_2				
660		5					X_7
720		6		X_4			

(A)$X_1=X_2=4,000$
(B)$X_3=4,000$，$X_4=10,000$
(C)$X_5=50$，$X_6=8$，$X_7=12.5$
(D)MC最低點的產量為580。　　P.12[110統測]

【以下空白】

第十回
歷屆全真統測試題

( ) 1. 下列有關財貨類型的敘述，何者正確？
①私人汽車、②公海裡的魚、③消防、④有線電視、⑤燈塔
(A)①②為純私有財，其餘為純公共財
(B)①為純私有財、②③為純公共財、④⑤為準公共財
(C)④⑤為純公共財、②③為準私有財、①為純私有財
(D)①為純私有財、②為準私有財、③⑤為純公共財、④為準公共財。

P.28[111統測]

( ) 2. 在生產可能曲線上，每增加1單位X的生產，所必須減少生產Y的數量逐漸增加。此種現象稱為？
(A)機會成本遞增
(B)機會成本遞減
(C)社會福利極大
(D)邊際效用遞減。

P.2[100統測]

( ) 3. 工資率上升後，勞動者的工作時間反而減少，其原因係工資率上升的
(A)價格效果大於所得效果
(B)價格效果小於所得效果
(C)所得效果大於替代效果
(D)所得效果小於替代效果。

P.18[91統測]

( ) 4. 獨占廠商面對兩個不同市場時，應如何差別訂價，才能獲得最大利潤？
(A)規模大之市場訂價高
(B)規模小之市場訂價高
(C)需求的價格彈性大之市場訂價高
(D)需求的價格彈性小之市場訂價高。

P.14[97統測]

( ) 5. 下列何者並非使市場失靈的原因？
(A)外部性的問題
(B)公共財的存在
(C)市場供過於求
(D)資訊不對稱。

P.28[98統測]

( ) 6. 某國出現通貨膨脹的現象，該國擬實施抑制通貨膨脹的對策，請問下列哪一個手段是抑制通貨膨脹的對策？
(A)政府宣布減少稅收
(B)中央銀行提高重貼現率
(C)中央銀行降低法定準備率
(D)增加政府支出。

[103統測]

( )7. 某財貨之市場供給與需求曲線如右圖所示。假設供給曲線為S_1，原來之需求曲線為D_1。而政府在此市場有價格上限之管制，其所定的價格上限為P_1。其後，需求產生變動，使需求曲線外移至D_2。請問在需求變動後，下列有關此價格上限對市場影響的敘述，何者正確？
(A)產生AB間的超額供給
(B)社會淨福利損失為ABDC區域
(C)生產者剩餘減少了P_2BDP_1區域
(D)產生CD間的超額需求。 [P.5[99統測]]

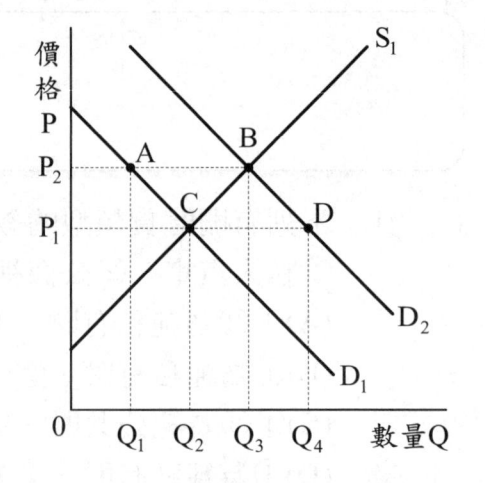

( )8. 香煙每包定價25元時，消費者的總支出為400萬；每包定價20元時，消費者的總支出為500萬。那麼，香煙每包由25元降為20元的弧彈性為
(A)81/41 (B)45/16 (C)36/25 (D)2。 [88推薦甄試]

( )9. 假設某人消費橘子5個，總效用為160單位；消費第6個之後，總效用為180單位，請問消費第6個橘子之邊際效用為多少？
(A)100 (B)40 (C)30 (D)20。 [P.8[96統測]]

( )10. 設其他情況不變，在一定時間、場所，消費者每一可能價格下，對某一物品所願意且有能力購買的數量為
(A)有效需求
(B)無效需求
(C)有效需求量
(D)無效需求量。 [85中區專夜]

( )11. 下列敘述何者正確？
(A)完全競爭廠商的邊際收益線等於平均收益線
(B)邊際收益為總收益除以產品之銷售量
(C)獨占性競爭廠商生產同質品
(D)完全競爭廠商的總收益線為水平線。 [104統測]

( )12. 某國消費函數為$C = 1{,}000 + 0.25Y_d$，式中C為消費，Y_d為可支配所得，若$Y_d = 1{,}600$，則平均消費傾向（average propensity to consume，APC）與邊際消費傾向（marginal propensity to consume，MPC）分別是多少？
(A)APC＝0.875，MPC＝0.75
(B)APC＝0.625，MPC＝0.75
(C)APC＝0.875，MPC＝0.25
(D)APC＝0.625，MPC＝0.25。 [P.24[102統測]]

( )13. 有關投資邊際效率（MEI）的敘述，下列何者錯誤？
(A)若MEI大於市場利率，表投資值得進行
(B)MEI是投資的未來預期淨收益
(C)MEI又稱投資的預期利潤率
(D)技術創新有利於預期收益增加，MEI會上升。
P.24[88推薦甄試]

( )14. 有關景氣循環的敘述，下列何者正確？
(A)因新技術或環保法令等因素對生產力的干擾，會產生景氣循環
(B)景氣衰退的國內生產毛額一定比景氣擴張的國內生產毛額為低
(C)景氣循環的波動週期相當固定
(D)景氣衰退只會產生隱藏性失業。
P.32[95統測]

( )15. 下列敘述何者為真？
(A)鑽石比水貴是因為鑽石的總效用高
(B)水的價格比鑽石為低是因為水的總效用較低
(C)邊際效用降低時，總效用也會降低
(D)在平地空氣為自由財，故邊際效用為零。
P.8[82南區專夜]

( )16. 完全競爭市場下，比較廠商達短期均衡與長期均衡時的（超額）利潤，下列敘述何者正確？
(A)短期均衡時的廠商利潤等於零，長期均衡時的廠商利潤也等於零
(B)短期均衡時的廠商利潤大於零，長期均衡時的廠商利潤也大於零
(C)短期均衡時的廠商利潤可能大於、等於、或小於零，長期均衡時的廠商利潤大於零
(D)短期均衡時的廠商利潤可能大於、等於、或小於零，長期均衡時的廠商利潤等於零。
P.14[93統測]

( )17. 根據凱因斯的流動性偏好說，其中交易動機的貨幣需求為下列何者的函數？
(A)匯率　(B)利率　(C)所得　(D)儲蓄。
[105統測]

( )18. 政府推動觀光客倍增計畫，讓來台外國觀光客增加，在其他條件不變下，外匯市場將產生何種改變？
(A)匯率仍維持不變　(B)新台幣貶值
(C)新台幣升值　(D)增加外匯需求。
P.30[94統測]

( )19. 經濟利潤是：
(A)等於商業利潤
(B)指總收益扣除經濟成本的餘額
(C)通常大於會計利潤
(D)指損益表的本期盈虧。
P.12[94統測]

( )20. 下列敘述，何者錯誤？
(A)熊彼得（Schumpeter）認為持續的創新活動，經濟才能成長
(B)哈羅德（Harrod）與多瑪（Domar）的成長理論，強調儲蓄對成長的重要性
(C)梭羅（Solow）的新古典成長理論，假定勞動與資本是無法相互替代的
(D)盧卡斯（Lucas）的內生成長理論，強調人力資本對成長的重要性。
P.34[92統測]

( )21. 若廠商處於報酬遞增階段，則平均產量AP與邊際產量MP的關係為
(A)MP＞AP　(B)MP＝AP　(C)MP＜AP　(D)MP≦AP。
P.10[88北區專夜]

( )22. 關於國際貿易理論的敘述，下列何者正確？
(A)絕對利益理論是由李嘉圖（D. Ricardo）所提出
(B)貿易順差是指進口總值大於出口總值
(C)傾銷（dumping）是指出口商在國外的銷售量遠大於其國內的銷售量
(D)絕對利益理論認為，兩國必須各自擁有一生產力比對方高的產品才會發生貿易。
P.30[89推薦甄試]

( )23. 以下哪一項政府支出的主要效果是所得重分配？
(A)政府支付公教人員薪資
(B)政府債務利息支出
(C)政府社會福利支出
(D)政府投資建設新的機場。
[105統測]

( )24. 某國2000年國民所得資料如下：國民所得600，間接稅淨額50，個人所得400，個人所得稅80，資本折舊50，則國民所得毛額（GNI）為
(A)700　(B)620　(C)570　(D)500。
P.22[90統測改編]

( )25. 下列有關經濟成長與經濟發展之敘述，何者正確？
(A)經濟發展是指一國實質總產出不斷增加之現象
(B)物價水準的上升必會使經濟成長率下跌
(C)「國富論」之作者為凱因斯，其認為失業為常態
(D)新古典成長理論強調勞動成長、資本累積、技術進步三者會影響經濟成長。
P.34[110統測]

【以下空白】

第十一回
歷屆全真統測試題

( )1. 「機會成本會隨著財貨數量增加而遞增」之特性，此特性會如何影響生產可能曲線？　(A)呈現水平線　(B)凹向原點　(C)整條曲線向外移動　(D)通過原點。　　[104統測]

( )2. 下列哪一項是使得某一財貨需求量變動的因素？
(A)該財貨本身的價格　　(B)相關財貨的價格
(C)消費者的所得　　(D)消費者的偏好。　　P.4[100統測]

( )3. 下列有關政府政策之敘述，何者正確？
(A)降低稅率與降低重貼現率，此兩者皆為擴張性之貨幣政策
(B)提高法定存款準備率與在公開市場賣出債券，此兩種政策皆可使景氣降溫
(C)中央銀行可透過增加社會福利支出或干預外匯市場來因應經濟不景氣
(D)調整存款準備率與調整重貼現率政策，此兩種貨幣政策皆為質的管制。　　P.28[109統測]

( )4. 某甲對財貨G的需求函數為$Q=300-20P$，式中Q為數量，P為價格。若市場價格為$P=10$，請問消費者剩餘為多少？
(A)50　(B)250　(C)1,000　(D)1,250。　　[98統測]

( )5. 小華在艷陽下跑完操場十圈後，灌入好幾罐的運動飲料，喝到最後都想吐了，下列何者正確？
(A)小華對運動飲料的規模報酬遞增
(B)小華對運動飲料的規模報酬遞減
(C)小華對運動飲料的邊際效用遞增
(D)小華對運動飲料的邊際效用遞減。　　P.8[101統測]

( )6. 下列敘述何者正確？
(A)邊際產量大於零時，總產量會遞增
(B)邊際產量大於平均產量時，平均產量會遞減
(C)邊際產量等於平均產量時，邊際產量會最大
(D)邊際產量小於零時，總產量會最大。　　P.10[99統測]

( )7. 規模不經濟，是指產量增加
(A)短期邊際成本上升　　(B)短期平均成本上升
(C)長期邊際成本上升　　(D)長期平均成本上升。　　P.12[88推薦甄試]

(　　)8. 完全競爭市場中之A廠商於短期均衡時，其平均總成本為50，邊際收益為70，產量為120，則下列有關此短期均衡時的敘述，何者正確？
(A)此時A廠商有虧損，會退出市場
(B)此時A廠商之平均變動成本為70
(C)此時市場價格為70
(D)此時A廠商總成本為8,400。　　P.14[96統測]

(　　)9. 棒球賽中之內野票價比外野票價貴，是因為廠商採用
(A)完全差別訂價法　　(B)分段訂價法
(C)第二級差別訂價法　(D)市場分割訂價法。　　P.14[86北區專夜]

(　　)10. 下列敘述哪些正確？
①完全競爭廠商因無法自行決定價格，故沒有供給曲線
②獨占廠商因其價格與數量是同時決定的，故沒有供給曲線
③完全競爭廠商短期只能賺取正常利潤
④完全競爭廠商與獨占性競爭廠商長期下來均只能賺取正常利潤。
(A)①②③　(B)②③④　(C)①③　(D)②④。　　P.14[89北區專夜]

(　　)11. 廠商依據生產過程中各生產因素的貢獻，來分配相對的報酬，此種分配稱為：
(A)社會所得分配　　(B)家庭所得分配
(C)個人所得分配　　(D)功能性所得分配。　　P.16[94統測]

(　　)12. 下列哪一項目計入我國勞動力？
(A)失業人口
(B)70歲已退休的人口
(C)15歲以上在學人口
(D)未滿15歲人口。　　[99統測]

(　　)13. 下列有關利息與利潤理論的敘述，那些正確？
①時間偏好率愈高，利率會愈低
②生產愈迂迴，利息會愈大
③創新活動在動態社會才會發生
④利潤是承擔風險的報酬
(A)①②③　(B)①③④　(C)②③④　(D)①②③④。　　P.20[84北區專夜]

(　　)14. 假設某一國家物價指數1980年是100，1990年是120；同時，該國名目國內生產毛額1980年是360億元，而1990年是480億元。請問如果按1980年的物價水準表達，該國1990年的實質國內生產毛額應為多少億元？
(A)300　(B)576　(C)432　(D)400。　　P.22[93統測]

( )15. 在其他條件不變的情況下，下列何者會造成我國的GDP被低估？
(A)家庭主婦購買日常必需品
(B)政府購買新型國防軍艦
(C)我國出口水果至外國
(D)電腦工程師為親朋好友義務修理電腦。 [98甄試範例]

( )16. 關於加速原理（acceleration principle），何者正確？
(A)投資增加的原因只是所得的增加額大於零
(B)投資是國民所得變動量的函數
(C)社會上閒置資產愈多時，加速現象會愈明顯
(D)投資增加引起所得的增加。 P.24[94統測補考改編]

( )17. 若緊縮缺口為$100，則
(A)實際國民所得（Y）比充分就業國民所得（Y_F）少$80
(B)均衡國民所得（Y^*）比（Y_F）少$100
(C)自發性需求增加$80，即可使（$Y^*$）達到（$Y_F$）水準
(D)自發性需求增加$100，即可使（$Y^*$）達到（$Y_F$）水準。 P.24[81中區專夜]

( )18. 下列何者包含在我國之貨幣供給量M_{1B}的定義中？
(A)趙二存在台灣銀行的定期存款
(B)張三口袋裡的五十元硬幣
(C)李四存在彰化銀行的定期儲蓄存款
(D)王五存在兆豐銀行的外匯存款。 P.26[102統測]

( )19. 根據凱因斯理論，貨幣需求為
(A)所得的增函數，利率的增函數
(B)所得的增函數，利率的減函數
(C)所得的減函數，利率的增函數
(D)所得的減函數，利率的減函數。 P.26[88北區專夜]

( )20. 政府將公營事業轉換為公開上市公司，透過股票的買賣，將公營事業的所有權移轉給民間，這種公營事業民營化之方式為？
(A)公有民營　(B)私有公營　(C)標售資產　(D)出售股權。 [100統測]

( )21. 下列敘述何者正確？
(A)本國企業利用資金對外進行國際投資，將導致本國貨幣升值
(B)本國政府或人民直接貸款給外國政府或人民，為直接投資行為
(C)國際投資為國際間資本的移動
(D)進行國際投資只需考慮投資獲利率的條件即可。 P.30[95統測]

( )22. 下列何者易造成本國的淨出口增加？
(A)本國所得提高
(B)本國貨幣升值
(C)貿易伙伴國物價上漲率提高
(D)利率由於擴張性財政政策而提高。 [92統測]

( )23. 小英剛從大學畢業，現在正在找工作，此種失業為：
(A)循環性失業
(B)摩擦性失業
(C)結構性失業
(D)異常性失業。 P.32[97統測]

( )24. 某國2006年的名目國內生產毛額為90億美元，2007年之名目國內生產毛額為110億美元，2006年之物價指數為90，2007年的物價指數為100，2006年有人口數25萬人，2007年人口數為22萬人，這表示該國2007年經濟成長情形為：
(A)每人實質國內生產毛額的年增率為25%
(B)每人實質國內生產毛額的年增率為38%
(C)實質國內生產毛額的年增率為22%
(D)實質國內生產毛額的年增率為9.1%。 [97統測]

( )25. 依據哈羅德（Harrod）與多瑪（Domar）的成長理論，要加速經濟成長，必須：
(A)提高消費傾向，擴大投資乘數
(B)降低儲蓄傾向，擴大投資乘數
(C)提高消費傾向，降低資本係數
(D)提高儲蓄傾向，降低資本係數。 P.34[91統測]

【以下空白】

第十二回
歷屆全真統測試題

( )1. 在人類經濟行為中，下列敘述何者錯誤？
(A)理性家計單位的經濟選擇，是以追求最大滿足為目標
(B)每一種資源皆有多種用途
(C)資源的種類與數量都是有限的
(D)選擇時所放棄其他用途中，價值最高者就是會計成本。

( )2. 一般而言，下列何者最可能為經濟學中所稱的劣等財（Inferior Goods）？
(A)鑽石 (B)牛奶 (C)速食麵 (D)化妝品。

( )3. 如右圖所示：奶油的需求曲線由D_1D_1降為D_2D_2，此係由於
(A)奶油價格上漲
(B)奶油價格下跌
(C)麵包價格下跌
(D)麵包價格上漲。

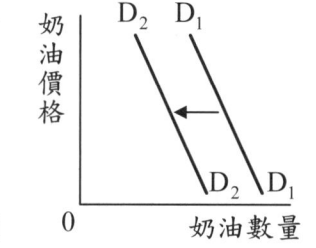

( )4. 假設某財貨之弧彈性$\frac{17}{9}$，當價格80元時，需求量為50單位，當價格上升至90元時，則： (A)需求量增加10單位 (B)需求量減少10單位 (C)需求量增加9單位 (D)需求量減少17單位。

( )5. 下列敘述中，MU_A、MU_B分別為財貨A、財貨B的邊際效用，P_A、P_B分別為財貨A、財貨B之價格。請問下列四項敘述中，那兩項正確？
甲：若財貨的需求所得彈性小於0，此財貨為正常財
乙：若$MU_A=40$、$P_A=5$、$MU_B=24$，當$P_B=6$時，應該增加A的消費
丙：若市場的需求線為水平線，在其他條件不變下，供給增加會使消費者剩餘增加
丁：某正常財的需求線為負斜率而供給線為正斜率，在其他條件不變下，所得增加會使社會福利提高
(A)乙、丁 (B)乙、丙 (C)丙、丁 (D)甲、丁。

( )6. 下列有關消費者剩餘的敘述，何者正確？
(A)是指消費者在使用財貨時的總滿足程度
(B)是得自生產者利益的犧牲
(C)會隨廠商不同的取價而異
(D)消費者剩餘愈大，價格就愈高。

第1頁 共4頁

( )7. 若甲公司短期平均產出函數為 $AP_L = 24 + 5L - \frac{1}{3}L^2$，邊際產出函數為 $MP_L = 24 + 10L - L^2$，則該公司應投入多少勞動量（L），方能使產出達到最大？
(A)L＝12 (B)L＝7.5 (C)L＝15 (D)L＝6。 P.10[89北區專夜]

( )8. 下列敘述何者有誤？
(A)空氣為自由財故邊際效用等於零時，消費者滿足程度最大
(B)鑽石比水價格貴主要是因為其邊際效用高
(C)有用的東西就一定較貴
(D)富人要比窮人課較多的稅，因為富人對一塊錢貨幣的邊際效用較窮人低。
[86保送甄試]

( )9. 靜香目前失業並積極尋找工作，平均每月消費額為$20,000。若某公司決定以月薪$30,000僱用她，若靜香選擇工作，靜香的機會成本為：
(A)$0 (B)$10,000
(C)$30,000 (D)$50,000。 P.12[94統測補考]

( )10. 從資訊流通的角度來說，市場消息靈通但是產品異質的市場是屬於：
(A)完全競爭市場
(B)獨占市場
(C)獨占性競爭市場
(D)寡占市場。 P.14[99統測]

( )11. 完全競爭廠商的短期供給曲線為
(A)邊際成本線
(B)平均成本線
(C)在AVC最低點以上的MC線
(D)在AC最低點以上的MC線。 P.14[85四技二專、88南區專夜]

( )12. 某獨占廠商在鄉村及都市採差別訂價策略，若都市消費者的需求彈性為3，鄉村消費者的需求彈性為2，若在都市訂價為450元，則在鄉村訂價應為
(A)500 (B)550 (C)600 (D)650。 P.14[90統測]

( )13. 獨占性競爭市場下的某一廠商，此廠商之長期平均成本線如右圖中之LAC線，則：
(A)此廠商所面對的需求線為水平線
(B)此廠商長期均衡下之經濟利潤大於零
(C)長期時此廠商的均衡產量小於LAC最低點之產Q_1
(D)長期時此廠商的均衡產量等於LAC最低點之產量Q_1。 P.14[96統測]

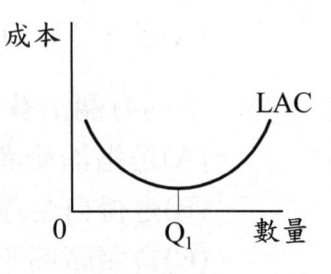

( )14. 勞動市場若存在補償性工資差異，請問會是什麼原因造成？
(A)工作能力及經驗不同
(B)地區或職業之間勞動力的流動困難
(C)市場供需產生調整
(D)工作環境或條件不同。 [95統測]

( )15. 下列敘述，何者正確？
(A)當勞動者所面對的工資率上升時，其所產生的替代效果會使勞動者增加工作時數
(B)新古典學派認為，利率是由貨幣的供給與需求來決定
(C)就個別生產者而言，地租是一種剩餘的概念
(D)在短期下，若生產要素的需求較缺乏彈性時，則容易產生準租。
P.18、P.20[92統測]

( )16. 下列哪一種物價指數，係選取對消費者比較重要的商品與勞務編製成物價指數，用以衡量一般家庭生活成本的指標？
(A)GDP平減指數　　　　　(B)消費者物價指數
(C)躉售物價指數　　　　　(D)進口物價指數。 [100統測]

( )17. 計算國內生產毛額（GDP）時，下列何者會使GDP增加？
(A)投資減少　　　　　(B)進口減少
(C)消費減少　　　　　(D)政府支出減少。 P.22[94統測]

( )18. 下面關於經濟成長與經濟理論的敘述，何者正確？
(A)知識經濟重視知識此無形的生產要素，並主張知識具有報酬遞增之現象
(B)人力資本的提高有助於經濟成長，經濟發展是以實質GDP的年增率來測量
(C)哈樂得（Harrod）與多瑪（Domer）之經濟成長理論強調技術進步才能促進經濟成長
(D)聯合國以人類發展指數（HDI）做為衡量各國經濟成長的指標。
P.34[109統測]

( )19. 若一封閉之總體經濟模型如下：$Y=C+I+G$，$C=500+0.5(Y-T)$，$I=500$，$G=100$，$T=200$，其中Y為所得、C為消費、I為投資、G為政府支出、T為政府稅收。以下對於此經濟體系之敘述，何者正確？
(A)均衡所得為1,000
(B)自發性支出乘數為5
(C)若充分就業所得為1,000，則有緊縮缺口500
(D)若政府支出由100增加至200時，則均衡所得會增加200。 P.24[102統測]

( )20. 在其他條件不變下，下列何者會使貨幣供給量增加？
(A)中央銀行提高存款準備率
(B)中央銀行在公開市場買回國庫券
(C)中央銀行調高重貼現率
(D)人們保有現金的意願提高。

( )21. 工廠排放未處理完全的污水，會增加何種成本？
(A)經濟成本　　　　　　(B)內含成本
(C)外露成本　　　　　　(D)外部成本。

( )22. 有關國際金融理論，下列敘述哪些正確？
①1美元可兌換30元台幣，上升到1美元可兌換40元台幣，表示台幣升值
②在浮動匯率制度下，台灣的國際貿易持續順差，將使台幣升值
③若台幣對美元升值，則以台幣報價的產品在美國的售價會上漲
④政府在外匯需求增加時，為避免本國貨幣貶值，可設法減少外匯供給
(A)①②　(B)③④　(C)②③　(D)①④。

( )23. 停滯性膨脹的主要特徵是：
(A)高失業率與高物價上漲率
(B)高物價上漲率與高儲蓄率
(C)高儲蓄率與高利率
(D)高利率與高失業率。

( )24. 農曆過年前農產品及各種年貨銷售量特別好之現象，其屬於下列哪一種景氣波動現象？
(A)長期趨勢　(B)不規則變動　(C)週期性變動　(D)穩定性變動。

( )25. 假設某公司有兩項投資方案正在進行評估，此兩方案皆只有一年的收益，兩方案之購買成本與預期收益如右表，則下列有關此兩項投資之敘述，何者正確？

	方案E	方案F
購買成本	50萬	100萬
預期收益	55萬	112萬

(A)凱因斯主張依成本高低來選擇投資標的，所以應選擇方案E來投資
(B)以投資的預期報酬率而言，是方案E較高
(C)以投資邊際效率而言，是方案F較高
(D)若市場利率為15%，兩方案都值得投資。

【以下空白】

第十三回
歷屆全真統測試題

( )1. 下列敘述，何者是涉及價值判斷的規範經濟？
(A)對水泥業實施嚴格的公害管制，可減少環境破壞，但也降低水泥的生產
(B)每當經濟不景氣時，失業人數會提高
(C)正常情況下，消費者所得增加，對財貨購買量會增加
(D)為縮短貧富差距，應落實課稅制度，或對窮人補貼。 P.2[87保送甄試]

( )2. 機會成本的定義是
(A)放棄的其他用途中，價值最高者
(B)經濟活動對整個社會所產生的成本
(C)會計利潤中為負的部分
(D)是外部成本。 [87南區專夜]

( )3. 在其他條件不變的情況下，若牛肉為正常財，當消費者的所得提高且政府又開放牛肉進口時，國內的牛肉市場會產生下列何者變動？
(A)均衡交易量必定增加
(B)均衡交易量必定減少
(C)均衡價格必定上漲
(D)均衡價格必定下跌。 P.5[106統測]

( )4. 下列何者為流量的概念？
(A)投資
(B)人口
(C)資本
(D)貨幣供給。 [84保送甄試]

( )5. 有關完全競爭廠商的邊際收益線的斜率，何者正確？
(A)等於1
(B)等於平均收益線的斜率
(C)等於總收益線的斜率
(D)為負值。 [94統測補考]

( )6. 下列哪一種供給或需求曲線，其線上任何一點的價格彈性值都不相同？
(A)水平直線型的供給曲線
(B)水平直線型的需求曲線
(C)通過原點斜率為1的直線型供給曲線
(D)縱軸截距為1，斜率為 −1 的直線型需求曲線。 P.5[92統測]

( )7. 若一正常財A之需求線（以D表示）為負斜率，而供給線（以S表示）為正斜率，兩線交點如右圖，在其他條件不變下，當所得增加且生產技術進步時，下列敘述何者正確？
(A)均衡交易數量增加
(B)均衡交易價格必定下跌
(C)均衡交易數量減少
(D)均衡交易價格與數量同時下降。
[96統測]

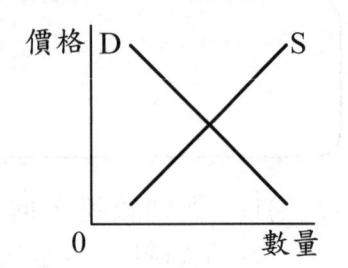

( )8. 小潔對芒果乾、蒟蒻乾、魷魚絲三種食品的邊際效用與每單位的價格如右表。小潔有440元的預算用於購買此三種食品。請問總效用最大為多少？
(A)635
(B)680
(C)785
(D)980。
P.8[97統測]

財貨種類 每單位價格 數量	芒果乾 20元	蒟蒻乾 80元	魷魚絲 100元
1	40	180	150
2	35	80	100
3	30	30	50
4	20	20	20
5	10	10	10

( )9. 價格等於邊際成本（P＝MC）的主要經濟意義為：
(A)社會福利最大
(B)利潤最大
(C)成本最低
(D)損失最少。
P.14[89南區專夜、90統測]

( )10. 有關平均產量與邊際產量的關係，下列哪一項是錯誤的？
(A)邊際產量會通過平均產量的最高點
(B)平均產量大於邊際產量時，邊際產量是下降的
(C)平均產量上升時，邊際產量大於平均產量
(D)合理的生產階段，位於邊際產量最高點至邊際產量等於零的區域。
P.10[82北區專夜]

( )11.「就業、利息與貨幣的一般理論」一書的作者為
(A)凱因斯（J. M. Keynes）
(B)馬歇爾（A. Marshall）
(C)李嘉圖（David Ricardo）
(D)亞當斯密（Adam Smith）。
[83保送甄試、85北區專夜]

( )12. 已知生產過程僅使用三種生產因素A、B及C。廠商公佈生產技術為10單位A、20單位B和30單位C可生產100個X；而10單位A、22單位B與30單位C可生產120個X，請問生產因素B的邊際產出為？
(A)20　(B)2　(C)10　(D)15。

( )13. 若一經濟體系正處在流動性陷阱時，則下列敘述何者正確？
(A)貨幣供給的利率彈性無窮大
(B)貨幣需求的利率彈性無窮大
(C)貨幣供給增加利率會上升
(D)此時政府採用擴張的貨幣政策必能降低物價。

( )14. 貨幣對外價值貶值，以支付匯率表示係指
(A)匯率下降　(B)匯率上升
(C)物價水準下降　(D)物價水準上升。

( )15. 某獨占廠商將產品銷售到可完全區隔的A、B兩個市場，其市場需求彈性係數（以絕對值表示）依序為5與3，若獨占廠商採用差別訂價以提高利潤，則A、B兩個市場的價格P_A與P_B之關係為
(A)$P_A \geq P_B$　(B)$P_A = P_B$　(C)$P_A > P_B$　(D)$P_A < P_B$。

( )16. 造成生產者長期平均成本曲線整條下移的原因是
(A)勞動者的專業與分工
(B)引進全自動化的生產設備
(C)政府致力於開闢道路及港口
(D)生產者進行大規模採購。

( )17. 當他國產品以低於其國內市場的價格在我國大肆推銷時，可對其課徵
(A)報復　(B)平衡　(C)財政　(D)反傾銷關稅。

( )18. 假設消費函數為$C = a + bY$，$a > 0$，$0 < b < 1$，儲蓄函數為$S = Y - C$。下列有關平均消費傾向（APC）、邊際消費傾向（MPC）、平均儲蓄傾向（APS）及邊際儲蓄傾向（MPS）的關係敘述，何者錯誤？
(A)APC＞MPC
(B)APS＜MPS
(C)APS隨所得增加而下降
(D)APC＋APS＝MPC＋MPS＝1。

( )19. 商業循環（Business Cycle）可分成四個階段，如果循環位於長期趨勢直線下方遞減的部份，則稱為
(A)衰退　(B)蕭條　(C)復甦　(D)繁榮。

(　　)20. 獨占性競爭市場之個別廠商，對其本身產品價格具有影響力的主要理由是什麼？
(A)廠商容易進行差別訂價
(B)各家廠商之產品具異質性
(C)廠商面對水平之需求曲線
(D)因政府法令制度因素，而致使市場具進入障礙所致。　P.14[101統測]

(　　)21. 若一經濟體系逐漸進入M型社會，在經濟學上是指：
(A)所得越來越少
(B)羅倫茲曲線越來越接近對角線
(C)最高與最低組所得相對倍數越來越小
(D)吉尼係數越來越接近1。　P.16[98統測]

(　　)22. 若某國2005年國民所得（NI）為400，間接稅為30，折舊為20，則國民所得毛額（GNI）為：　(A)350　(B)370　(C)430　(D)450。　P.22[96統測改編]

(　　)23. 設Y＝C＋I＋G，C＝50＋0.75Y，I＝40，G＝60，則APC為若干？
(A)$\frac{5}{6}$　(B)$\frac{3}{4}$　(C)$\frac{1}{4}$　(D)$\frac{1}{6}$。　P.24[81中區專夜、81南區專夜]

(　　)24. 因為技術進步或經濟發展策略變動，使得原有勞動者無法適應新的產業型態所造成的失業稱之為：
(A)摩擦性失業
(B)結構性失業
(C)循環性失業
(D)隱藏性失業。　P.32[100商業簡報模擬]

(　　)25. 下列何者不是經濟成長的決定因素？
(A)勞動力品質提高
(B)人口成長速度增快
(C)固定資本存量增加
(D)良好經濟制度。　[95統測]

【以下空白】

第十四回
歷屆全真統測試題

( )1. 行政院於民國100年6月1日起正式施行「特種貨物及勞務稅條例」（俗稱奢侈稅），新台幣300萬元以上特定高額消費貨物，及兩年內轉手的非自用房屋和土地等須課稅，此為政府扮演何種角色？
(A)法律與標準的制定者
(B)經濟公平的維護者
(C)經濟穩定的維持者
(D)市場失靈現象的消除者。　[101統測]

( )2. 有關內生性成長理論中，下列何者為此理論所強調影響經濟成長之重要因素？
(A)人口的增加　　　　　(B)土地的增加
(C)專業分工　　　　　　(D)人力資本的累積。　P.34[102統測]

( )3. 下列何種財貨不適用需求法則？
(A)季芬財貨　(B)劣等財貨　(C)民生必需品　(D)奢侈品。　[88保送甄試]

( )4. 當羅倫茲曲線與絕對平均線重疊時，吉尼係數等於
(A)0　(B)0.5　(C)1　(D)2。　P.16[98甄試範例]

( )5. 某財貨之需求線（D）為 $P = a + b \times Q$，P為價格且Q為數量。若A點對應之Q＝10且P＝10，B點對應之Q＝0且P＝20，C點對應之Q＝8且P＝12，A、B、C三點皆在需求線上。若正斜率之供給線與需求線交於A點，則下列敘述何者正確？
(A)A點之需求價格彈性等於1
(B)在C點時，廠商若漲價可以增加總收益
(C)當均衡價格為10時，則消費者剩餘為100
(D)當預期未來價格上漲時，新均衡數量必大於10。　[110統測]

( )6. 在經濟學的研究範圍中，以價格為分析重點，亦稱價格理論的是：
(A)總體經濟學　　　　　(B)規範經濟學
(C)個體經濟學　　　　　(D)生態經濟學。　[97統測]

( )7. 關於拗折需求曲線理論的敘述，下列何者錯誤？
(A)假設廠商調整價格時其他廠商會「跟跌不跟漲」
(B)平均收益線為一拗折線
(C)邊際收益線會在平均收益線拗折處出現垂直缺口
(D)當邊際成本線恰通過邊際收益線之垂直缺口時，產品價格無法決定。
　P.14[89推薦甄試]

( )8. 下列何者有誤？
(A)報酬遞減法則適用於任何生產因素
(B)不否認報酬遞增
(C)報酬遞減係指邊際產量遞減
(D)只要技術改進，就不會出現報酬遞減。

( )9. 下列有關景氣循環（business cycle）的敘述，何者正確？
(A)景氣對策訊號是由行政院經濟部發佈
(B)景氣循環通常是非定期且週而復始的循環波動現象
(C)景氣循環若由谷峰（peak）下降至谷底（trough）的階段，稱為擴張期（expansion）
(D)若景氣對策訊號呈黃藍燈，政府可採取緊縮性貨幣政策因應。

( )10. 若MPC表邊際消費傾向，MPS表邊際儲蓄傾向，APC表平均消費傾向，APS表平均儲蓄傾向。下列關係式何者正確？
(A)MPC＋MPS＝APC＋APS
(B)APC＋MPS＝APS＋MPC
(C)APC＋MPC＝APS＋MPS
(D)APS＝APC；MPC＝MPS。

( )11. 假設某國1980年與1990年的名目GDP由200億元增為300億元，而GDP平減指數由100增為200，則該國1980年與1990年實質GDP與物價水準的變動情形是
(A)實質GDP上升，物價水準上升
(B)實質GDP上升，物價水準下降
(C)實質GDP下降，物價水準上升
(D)實質GDP下降，物價水準下降。

( )12. 當X財價格為4元，Y財價格為5元時，某消費者將其全部預算耗盡可買20個X財。在此條件下，請問下列哪一組合，消費者不可能買得到？
(A)X＝6，Y＝10 (B)X＝10，Y＝0
(C)X＝0，Y＝15 (D)X＝2，Y＝15。

( )13. 如右圖，均衡時廠商的利潤為
(A)80
(B)100
(C)120
(D)135。

( )14. 設一經濟社會自發性消費a＝10，自發性投資I₀＝30，邊際消費傾向b＝0.8，則均衡所得為
(A)250 (B)200 (C)32 (D)8。

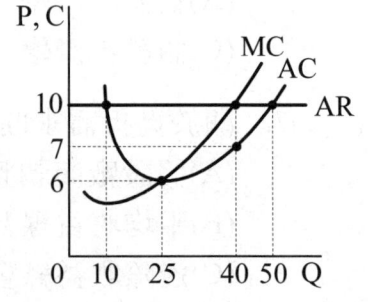

( )15. 下列何者為目前世界上經濟整合程度最高的區域性經濟組織？
(A)WTO (B)APEC (C)EU (D)ASEAN。 [99統測]

( )16. 假設勞動與資本互為替代性要素，則當資本要素價格上升時，勞動要素之需求曲線將會往
(A)左移 (B)右移 (C)不變 (D)先左移後再右移。 P.18[89四技二專]

( )17. 下列有關利率與利潤的敘述，有哪些是正確的？
①利潤是一種不確定的所得
②利潤的風險負擔說為奈特（Knight）所主張
③生產過程愈迂迴，則利率將愈低
④名目利率＝實質利率－通貨膨脹率
(A)①② (B)①③ (C)③④ (D)②③④。 P.20[91統測]

( )18. 假設投入一單位之勞力，於甲國可生產1瓶酒或2件衣服；而在乙國則可生產2瓶酒或3件衣服。根據比較利益法則，下列何項正確？
(A)甲國應向乙國進口酒與衣服
(B)甲國應向乙國出口酒與衣服
(C)甲國應向乙國進口酒，但出口衣服至乙國
(D)甲國應向乙國進口衣服，但出口酒至乙國。 P.30[101統測]

( )19. 下列敘述何者正確？
(A)邊際產量遞減時，平均產量必定遞減
(B)邊際成本遞增時，平均成本必定遞增
(C)合理的生產階段，是指平均產量及邊際產量皆在遞增的階段
(D)平均總成本曲線與平均變動成本曲線的垂直距離，會隨產量的增加而縮小。
P.12[88推薦甄試]

( )20. 所謂自然失業率是指在充分就業之下，仍有失業人口存在，自然失業包括：
(A)結構性失業與隱藏性失業
(B)循環性失業與摩擦性失業
(C)結構性失業與摩擦性失業
(D)結構性失業與循環性失業。 P.32[96統測]

( )21. 經濟成本為
(A)外露成本加內含成本
(B)外露成本減內含成本
(C)會計成本加外露成本
(D)會計成本減外露成本。 P.12[86中區專夜]

(　)22. 下列何者不是影響需求價格彈性的因素？
(A)替代品的多寡
(B)消費支出佔所得的比例
(C)生產過程的變通可能
(D)分析時間的長短。　[92統測]

(　)23. 在固定所得水準下，當X財貨的價格下跌時，會減少Y財貨的需求，X與Y兩種財貨稱之為
(A)互補財貨　(B)替代財貨　(C)劣等財貨　(D)獨立財貨。　P.5[89四技二專]

(　)24. 何種差別訂價方式，消費者剩餘會被獨占者剝削殆盡？
(A)第一級差別訂價
(B)第二級差別訂價
(C)第三級差別訂價
(D)市場分割訂價。　P.14[86南區專夜]

(　)25. 依據我國中央銀行的統計定義，下列有關貨幣供給數量的敘述何者正確？
(A)某甲為進行股票投資，將定期存款解約轉存為活期存款，其金額為100萬，此會使M_2增加100萬
(B)某公司因出口而收到國外客戶支付之款項1,000萬美元，並將此金額存入外匯存款，此會使M_2增加
(C)疫情過後，民眾消費力大增，信用卡刷卡金額創新高，使得未清償刷卡累計金額為50億，此會使M_{1A}增加50億
(D)疫情減少了現金支付的需求，民眾紛紛將現金存入活期存款帳戶中，活期存款總額因而增加20億，此會使M_{1A}減少20億。　P.26[111統測]

【以下空白】

第十五回
歷屆全真統測試題

( )1. 消費者均衡的主要經濟意義是指消費者的
(A)買價最便宜
(B)所得最高
(C)總效用最大
(D)邊際滿足最高。　　　P.8[88保送甄試]

( )2. 若完全競爭市場廠商具生產效率(production efficiency)，廠商應符合哪一項條件？
(A)價格等於長期邊際成本時生產
(B)價格等於邊際收益時生產
(C)價格等於長期平均成本的最低點時生產
(D)邊際成本等於邊際收益時生產。　　　P.14[95統測]

( )3. 在從事生產時，其收入僅足以維持生產成本的土地，稱為
(A)邊際土地　(B)次級土地　(C)待開發土地　(D)低劣土地。　　　P.18[85保送甄試]

( )4. 在追求最大滿足且不考慮所得限制的假設下，小新消費均衡下之兩財貨X與Y的消費數量分別為$Q_X=4$且$Q_Y=1$，且$Q_X=4$時之財貨X的邊際效用$MU_X=36$且總效用$TU_X=252$。令兩財貨的價格分別為P_X與P_Y，且財貨Y的邊際效用、總效用分別為MU_Y、TU_Y。下列有關消費此兩財貨之均衡下的敘述，何者正確？
(A)若$P_X=6$且$P_Y=2$時，則$TU_Y=84$
(B)若$P_X=9$且$MU_Y=16$時，則兩財貨消費支出合計為52
(C)若$P_X=4$且$P_Y=6$時，則$TU_X+TU_Y=261$
(D)若$P_X=3$且$MU_Y=60$時，則$P_Y=5$。　　　P.8[108統測]

( )5. 假設甲國2007年的民間消費支出為180億元，投資毛額為150億元，折舊為30億元，政府支出為60億元，出口值為80億元，進口值為40億元。試問甲國2007年的GDP為多少億元？
(A)400億元　(B)430億元　(C)480億元　(D)540億元。　　　P.22[98甄試範例]

( )6. 假設總體經濟模型為：$Y=C+I+G$，式中：$C=10+0.8Y_d$，$Y_d=Y-T$，$I=40$，$G=50$，$T=20$，則
(A)均衡所得水準為400
(B)均衡消費支出為300
(C)均衡儲蓄水準為70
(D)政府購買支出乘數為4。　　　P.24[89四技二專]

( )7. 下列有關成本理論的敘述，何者正確？
(A)產業存在外部經濟即表示長期平均成本曲線（LAC）呈左上右下的形狀
(B)長期平均成本曲線（LAC）是各短期平均成本曲線（SAC）的最低點連線
(C)長期邊際成本曲線（LMC）是各短期邊際成本曲線（SMC）的最低點連線
(D)長期總成本曲線（LTC）始於原點。
P.12[87北區專夜]

( )8. 獨占廠商追求利潤極大，一定會選在
(A)需求彈性大於一之階段生產
(B)需求彈性等於一之階段生產
(C)需求彈性小於一之階段生產
(D)需求彈性等於零之階段生產。
P.14[88南區專夜]

( )9. 下列有關寡占市場特性之敘述，何者正確？
(A)因價格訂定是採平均成本訂價法，故其價格具僵固性
(B)卡特爾（Cartel）組織並無法長期維持，乃是因易遭受消費者抵制所致
(C)廠商彼此間之競爭性與依賴性很高，且互相制衡
(D)跟漲不跟跌之價格競爭特性，是形成拗折需求線（kinked demand curve）之主因。
P.14[101統測]

( )10. 政府為了改善人民生活環境或企業投資環境，進行各項公共建設，如興建捷運、建設公園綠地等，這種支出是屬於政府哪一類支出？
(A)消耗性支出
(B)資本性支出
(C)移轉性支出
(D)公債利息支出。
[100統測]

( )11. 下列哪一項目包括在我國的國內生產毛額（GDP）之內？
(A)自有住宅的租金
(B)黑市交易的產品
(C)家庭主婦勞務的價值
(D)二手貨產品。
P.22[88推薦甄試]

( )12. 右圖中的曲線為生產可能曲線，下列何者會使得此生產可能曲線向外移動？
(A)財貨價格上漲
(B)所得增加
(C)效用提高
(D)生產技術進步。
P.2[97統測]

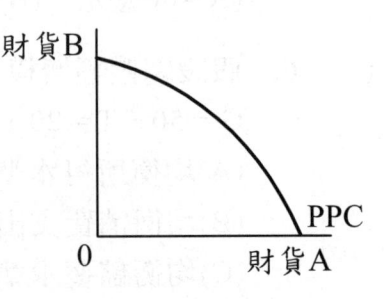

( )13. 購買外國政府發行的公債或企業發行的股票、公司債等有價證券的投資方式，是屬於國際投資方式當中的哪一種型態？
(A)直接投資
(B)發行投資
(C)間接投資
(D)分配投資。 [99統測]

( )14. 下列關於所得的敘述，何者正確？
(A)不論家庭所得高低，家庭的文化支出占總所得的比例固定
(B)吉尼係數若由0.32上升為0.35，表示所得水準上升
(C)若一個家庭糧食支出不變，但家庭總所得提高，則恩格爾係數會變小
(D)吉尼係數愈高，糧食支出占家庭總所得的比例愈高。 P.16[108統測]

( )15. 下列有關價格管制的敘述，何者不正確？
(A)有效的價格上限，是指所設立的限定價格必須低於均衡價格
(B)當設立有效的價格上限時，市場會出現超額需求
(C)政府實施稻米保證收購價格，是一種價格上限的措施
(D)政府宣布汽油價格凍漲，是一種設立價格上限的措施。 P.5[100統測]

( )16. 某國之痛苦指數為10%，失業率為5%，實質利率為3%，經濟成長率2%，請問物價膨脹率為： (A)7% (B)5% (C)8% (D)15%。 [99統測]

( )17. 下列何者不屬於經濟成長的來源？
(A)資本持續累積
(B)人力持續投入
(C)中間財貨投入
(D)技術進步與創新。 [94統測]

( )18. 古典學派認為
(A)失業為常態
(B)政府角色極重要
(C)賽伊法則不存在
(D)充分就業為常態。 P.34[84保送甄試]

( )19. 現金餘額方程式M＝kPy中，k表示
(A)保留現金餘額時間長短
(B)貨幣流通速度
(C)一般物價水準
(D)商品交易量。 P.26[88中區專夜改編]

( )20. 下列有關台灣外匯市場之敘述何者錯誤？
(A)若其他條件不變下，當市場上對美元需求增加時，美元相對於台幣會升值
(B)當1美元可兌換之台幣由28元提高至30元時，表示美元相對於台幣升值
(C)外國資金流入台灣投資房地產，會使外匯供給增加
(D)國人出國旅遊，會使外匯供給增加。　　　P.30[102統測]

( )21. 假設目前可麗餅的價格為一份45元，可麗餅市場的供給量為2,000份，需求量為1,800份；試問在其他條件不變的情況下，透過價格機能的運作，可麗餅的均衡價格將會如何變動？
(A)上升　(B)下降　(C)不變　(D)升降不一定。　　　[98甄試範例]

( )22. 如果中央銀行在公開市場購買票券，同時又提高法定準備率，則貨幣供給量會：
(A)增加　(B)下降　(C)保持不變　(D)產生不確定變動。　　　P.26[95統測]

( )23. 下列有關勞動市場的敘述，何者正確？
(A)某生大學畢業後出國遊學一年，該生屬於失業人口
(B)A公司之勞動生產力為120，邊際產量為4,800，則勞動投入量為40
(C)勞動者本身生產力的差異與勞動市場競爭的程度，兩者皆會造成工資的差異
(D)當工資率下跌會使勞動供給量增加，此時替代效果大於價格效果。
　　　P.18[109統測]

( )24. 假設某市場的需求函數為 $Q = \dfrac{150-P}{3}$，供給函數為 $Q = \dfrac{P-50}{2}$，則下列敘述何者錯誤？
(A)消費者剩餘為600
(B)生產者剩餘為600
(C)均衡價格為90，均衡數量為20
(D)當價格是70時，生產者願意供給的數量是10。　　　P.4、P.8、P.10[96統測]

( )25. 生產三階段中的第二階段為合理的生產階段，若TP、AP_L、MP_L分別代表總產量、勞動的平均產量、勞動的邊際產量，關於第二階段的敘述，下列何者正確？
(A)$MP_L > AP_L > 0$　　　(B)AP_L處於遞減狀態
(C)TP以遞增速度上升　　　(D)MP_L處於遞增狀態。　　　P.10[112統測]

【以下空白】

第十六回
歷屆全真統測試題

( )1. 王老闆擬新成立一公司，其正在分析要用半自動生產機器A，或採全自動生產機器B。請問王老闆面臨下列哪一種經濟問題？
(A)如何生產　　(B)生產什麼
(C)為誰生產　　(D)何處生產。　　[102統測]

( )2. 在其他條件不變下，「財貨價格與需求量呈反向變動的現象」是為：
(A)正常財　　(B)季芬財
(C)需求法則　　(D)引申需求。　　[98統測]

( )3. 假設今年芒果豐收，銷量比去年增加25%，其價格去年為25元／斤，今年下降為20元／斤，試問芒果的需求彈性係數（以點彈性計算取絕對值）為
(A)0.625　(B)0.8　(C)1.04　(D)1.25。　　[85四技二專]

( )4. 若一消費者總共購買60單位的商品，實際支出的總價款為100元，其消費者剩餘為30元，則該消費者所願意支付的最高總價為
(A)90元　(B)130元　(C)160元　(D)190元。　　P.8[88四技二專]

( )5. 下列有關滿足的概念，何者正確？
(A)滿足是來自於慾望
(B)不同個人之間，滿足程度可以具體客觀的比較
(C)滿足必定會使所得增加
(D)同一個人在不同時間去消費相同商品，一定會產生相同的滿足程度。
　　[101統測]

( )6. AP代表平均產量，MP代表邊際產量，則：
(A)MP＝AP時，MP最大
(B)MP遞增時，AP＞MP
(C)AP遞減時，MP＞AP
(D)MP＝AP時，AP最大。　　P.10[89中區專夜]

( )7. 在短期分析時，隨產量增加而逐漸減少的成本為
(A)邊際成本
(B)變動成本
(C)平均固定成本
(D)平均變動成本。　　[84北區專夜]

( )8. 若產量10單位時總成本為100，增用一單位生產因素後產量變為12，總成本變為130，則邊際成本為 (A)30 (B)20 (C)15 (D)10。 P.12[90統測]

( )9. 有關不完全競爭市場廠商之收益曲線，下列敘述何者正確？
(A)TR線呈一直線
(B)AR線＝MR線
(C)消費者的需求線為廠商的AR線
(D)因價格由市場供需決定，故MR線呈水平狀。 P.14[87保送甄試]

( )10. 完全競爭市場之廠商在短期均衡時具有下列何種特性？
(A)價格P必定等於短期邊際成本
(B)均衡點必定位於SAC曲線的最低點
(C)均衡時必定沒有超額利潤
(D)P必須高於平均固定成本，廠商才會生產。 P.14[87四技二專]

( )11. 下列敘述，何者錯誤？
(A)獨占性競爭廠商長期均衡時，一定不是位於LAC曲線上的最低點
(B)獨占性競爭廠商不存在產品的供給曲線
(C)自然獨占廠商的LAC曲線是呈遞減的
(D)獨占廠商短期均衡時，不可能存在虧損。 P.14[91統測]

( )12. 下列何者並非所得分配之衡量指標？
(A)洛倫士曲線（Lorenz curve）
(B)最高組所得相對最低組所得的倍數
(C)吉尼係數
(D)痛苦指數。 P.16[99統測]

( )13. 假設銀行業勞動市場的勞動供給具完全彈性，為減少僱用員工，以自動櫃員機代替人工，勞動市場將發生何種現象？
(A)工資率不變及員工僱用量減少
(B)工資率及員工僱用量均增加
(C)工資率及員工僱用量均減少
(D)工資率下降及員工僱用量不變。 P.18[94統測]

( )14. 假設銀行一年定期存款利率為1.5%，預期物價上漲率為3.5%，則將一萬元存入銀行一年後，下列敘述何者不正確？
(A)一年後本利和為10,150元
(B)實質利率為2%
(C)名目利率為1.5%
(D)一年後實質購買力大約相當於現在的9,800元。 [100統測]

( )15. 下列有關國內生產毛額（GDP）的敘述，何者錯誤？
(A)外籍勞工在台灣的工作所得，要計入台灣的GDP中
(B)購買已上市股票所支付的佣金，要計入GDP中
(C)GDP是以成本來衡量一國的總生產值
(D)台灣平均每人工作時數的縮短，無法從GDP顯現出。

( )16. 廠商甲的各產量的短期成本資料如下表。表中之ATC為平均成本、AFC為平均固定成本、AVC為平均變動成本、TC為總成本、TVC為總變動成本。表中的總成本為經濟成本，下列敘述何者正確？
(A)$AVC_1 = 100$，$TC_2 = 10,000$，$AVC_3 = 80$
(B)$TVC_1 = 7,000$，$AFC_2 = 20$，$ATC_3 = 85$
(C)若已知銷售量Q＝100之市價P＝110且內含成本為500，則經濟利潤為500
(D)若已知銷售量Q＝200之市價P＝80且會計利潤為500，則內含成本為1,500。

Q	TVC	TC	AVC	AFC	ATC
50	TVC_1	7,000	AVC_1	40	ATC_1
100	TVC_2	TC_2	80	AFC_2	100
200	15,000	TC_3	AVC_3	AFC_3	ATC_3

( )17. 在總體經濟所得帳中，誘發性支出會受什麼因素影響而變動？
(A)實質利率
(B)可支配所得
(C)貨幣供給量
(D)出口。

( )18. 設消費函數$C = 400 + 0.75Y_d$，可支配所得$Y_d = Y - T$。若租稅T＝100，政府支出G＝100，自發性投資I＝200，則此封閉經濟體系，欲達成充分就業的所得3,500，自發性支出應再增加多少？
(A)250
(B)500
(C)750
(D)1,000。

( )19. 下列敘述何者錯誤？
(A)景氣過熱時，政府宜採行緊縮性政策
(B)銀行法定準備率增加，則銀行存款貨幣創造乘數將變小
(C)為使經濟景氣復甦，中央銀行可使用在公開市場操作賣出公債的貨幣政策
(D)為降低通貨膨脹，中央銀行可使用提高重貼現率的貨幣政策。

(　　)20. 在市場上當委託人某甲與代理人某乙之間，發生資訊不對稱現象。某乙擁有較多資訊，於契約成立之前，某乙隱匿資訊做出對自己有利而不利某甲的選擇，此為：
(A)道德危機（Moral Hazard）
(B)公共財（Public Goods）
(C)逆向選擇（Adverse Selection）
(D)道德說服（Moral Persuasion）。　　[98統測]

(　　)21. 關於國際金融的敘述，下列何者正確？
(A)聯電到新加坡設廠，屬於直接投資。對於臺灣而言，此交易讓外匯需求曲線向右移動
(B)小許要到日本旅行，因此要到銀行買進日圓，此時小許跟銀行交易的價格為買入匯率
(C)外資購買台積電股票，屬直接投資。對於臺灣而言，此交易讓外匯供給曲線向右移動
(D)目前美國利率高於臺灣利率，導致美元流出臺灣，為了穩定匯率，所以臺灣的中央銀行應該買進利率高的美元，把美元留下來。　　P.30[112統測]

(　　)22. 下列哪一經濟學派主張政府降低稅率，以增加儲蓄，促進投資，提高就業與產出水準，則政府總稅收不減，反而會增加？
(A)古典學派　　　　　　　　(B)凱因斯學派
(C)供給面學派　　　　　　　(D)重貨幣學派。　　P.34[84四技二專]

(　　)23. 「衰退－蕭條－復甦－繁榮」景氣循環週期圖，是依據下列何種指標衡量？
(A)物價指數　(B)失業率　(C)利率　(D)實質國內生產毛額。　　[100統測]

(　　)24. 由於勞動缺乏流動性或市場訊息不完全，其所形成的失業稱為
(A)隱藏性失業　　　　　　　(B)結構性失業
(C)摩擦性失業　　　　　　　(D)循環性失業。　　P.32[86北區專夜]

(　　)25. 下列有關財貨特性之敘述，何者正確？
(A)純私有財與準公共財兩者皆具有可排他性
(B)純私有財與純公共財兩者皆具有可排他性
(C)準私有財與準公共財兩者皆具有獨享性
(D)準私有財與純公共財兩者皆具有共享性。　　P.28[106統測]

【以下空白】

第十七回
歷屆全真統測試題

( )1. 連續放長假期間,高速公路往往嚴重塞車,此現象以經濟問題視之,最合理的解釋為下列哪一項?
(A)資源的稀少性
(B)邊際效用遞增
(C)高速公路是私有財
(D)人的慾望有限。 [99統測]

( )2. 下列敘述,何者反映豬肉供給變動的現象?
(A)飼料玉米價格大漲,毛豬生產成本增加
(B)消費者關切肉品食用安全問題,豬肉購買量減少
(C)牛肉價格下跌,消費者增加牛肉的消費而減少豬肉的消費
(D)賣場以7折優惠價出售豬肉,造成豬肉熱賣。 [96統測]

( )3. 我國勞動基準法中最低工資,是屬於下列哪一種市場管制的方式?
(A)價格上限 (B)價格下限 (C)定量配給 (D)保證價格收購。 [98統測]

( )4. 若一國生產兩財貨X與Y的生產可能曲線(PPC)如右圖,而邊際轉換率MRT_{XY}表增加一單位的X財貨,所必需放棄的Y財貨的數量。下列敘述何者錯誤?
(A)由D點到E點的$MRT_{XY}=3$
(B)D點的生產效率高於E點
(C)C點到D點的$MRT_{XY}<3$
(D)H點的生產效率低於E點。 [108統測]

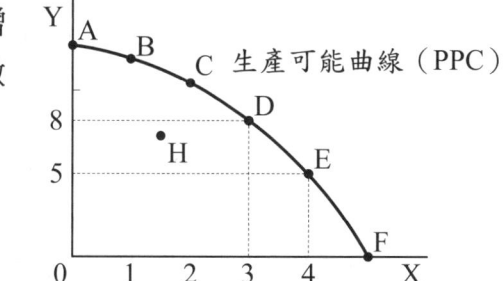

( )5. 一般而言,若消費者均衡時,其對所有財貨的消費量均大於0,則此均衡不具有下列哪些性質?
①所消費之各種財貨的邊際效用達到最大
②各種消費財貨的最後一元支出,均對消費者產生相同的邊際效用
③所消費之各種財貨的效用比等於其支出金額比。
(A)①② (B)①③ (C)②③ (D)①②③。 [92統測]

( )6. 在短期內,當總產量(Total Product)最大時,表示:
(A)MP=0 (B)MP最大 (C)AP遞增 (D)AP最大。 [88四技二專]

( )7. 若某完全競爭產業之市場需求為Q=10-P,而其邊際成本為MC=4之直線,則:
(A)市場均衡價格為6
(B)生產者剩餘為14
(C)消費者剩餘為18
(D)市場均衡數量為4。 [91統測]

( )8. 右圖為某廠商生產成衣的短期平均總成本曲線SAC（最低點為a點）。由圖觀之，下列敘述何者錯誤？
(A)當產量為150件時，多生產一件的邊際成本低於50元
(B)當產量為50件時，多生產一件的邊際成本低於70元
(C)當產量為100件時，多生產一件的邊際成本為50元
(D)生產100件成衣的總成本為5,000元。 [85北區專夜]

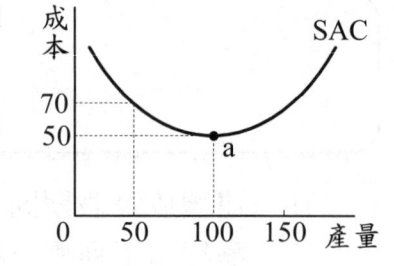

( )9. 下列哪一種市場結構，廠商之間彼此牽制的行為最明顯？
(A)完全競爭 (B)獨占性競爭 (C)寡占 (D)獨占。 [88推薦甄試]

( )10. 獨占廠商若採用差別取價時，下列何者為正確？
(A)消費者剩餘變大
(B)消費者會支付較低價格
(C)若為完全差別取價，社會的無謂損失（deadweight loss）達到最大
(D)若為完全差別取價，廠商可完全剝奪消費者剩餘。 P.14[95統測]

( )11. 完全競爭廠商與獨占廠商之比較，下列何者正確？
(A)完全競爭廠商的MR線呈水平狀，而獨占廠商的MR線的斜率為負
(B)完全競爭廠商的短期供給線是平均成本曲線
(C)完全競爭廠商的平均收入＞邊際收入
(D)獨占廠商長期下來經濟利潤為零。 P.14[87北區專夜]

( )12. 寡占市場的廠商，其需求曲線（即AR線）有拗折點的原因為
(A)漲價時其他廠商跟進，降價時其他廠商不跟進
(B)漲價時其他廠商不跟進，降價時其他廠商跟進
(C)漲價，降價其他廠商均跟進
(D)漲價，降價其他廠商均不跟進。 P.14[85中區專夜]

( )13. 下列敘述何者為需求拉動型的通貨膨脹？
(A)石油及瓦斯自來水的價格不斷上漲
(B)政府人事及組織架構擴張，支出不斷膨脹
(C)工會要求過高工資，而生產力沒有相對提升
(D)進口的糧食及消費品價格不斷上漲。 P.32[86北區專夜]

( )14. 在計算國內生產毛額（GDP）時，應包括：
(A)公司派駐在外國的業務人員所得
(B)社會安全福利支出
(C)企業存貨的變動
(D)債券與股票等金融資產。 P.22[94統測補考]

( )15. 假設某國1999年的GNI為400億，國民所得（NI）為350億，若資本財的折舊為34億，則企業間接稅淨額為
(A)16億　(B)84億　(C)34億　(D)26億。

( )16. 假設簡單凱因斯所得決定模型為：$Y=C+I+G$，$C=40+0.8(Y-T)$，$I=20$，$G=10$，$T=10$，其中，Y＝所得，C＝消費，I＝投資，G＝政府支出，T＝政府租稅，下列敘述何者錯誤？
(A)均衡所得為310
(B)投資乘數為5
(C)政府租稅乘數為－5
(D)政府支出與租稅等量增加下的平衡預算乘數為1。

( )17. 平衡預算乘數（balance budget multiplier）是指：
(A)在簡單凱因斯模型（simple Keynesian model），該乘數恰等於1
(B)乘數恆為1
(C)當政府支出增加與課徵所得稅時，國民所得也同額增加
(D)由政府支出增加量除以稅收增加量計算得之。

( )18. 下列何者不是凱因斯所提出的貨幣需求動機？
(A)投資動機
(B)預防動機
(C)交易動機
(D)投機動機。

( )19. 下列何者包括在M_2中，但不包括在M_{1B}中？
(A)活期存款　(B)信用卡　(C)支票存款　(D)外幣存款。

( )20. 政府的財政收入中，高速公路的通行費是屬於：
(A)規費收入
(B)租稅收入
(C)營業盈餘及事業收入
(D)罰款及賠償收入。

( )21. 下列有關跨國直接投資（FDI）之敘述，何者正確？
(A)FDI可提升被投資國（地主國）之資本報酬率
(B)國外資金到台灣投資股市乃是一種FDI行為
(C)投資國（母國）之企業若過度進行FDI，將可能造成投資國（母國）之產業空洞化
(D)企業進行FDI而將廠房設備外移，則必將會增加企業營運成本。

( )22. 若勞動市場為完全競爭時，以下對勞動此生產要素市場之敘述，何者正確？
(A)個別廠商所面對之勞動供給線為正斜率
(B)勞動之邊際生產收益必定會等於邊際產值
(C)勞動的邊際生產收益是每增加一單位勞動僱用量，會使總產量增加的數量
(D)若勞動的僱用價格大於勞動的邊際生產收益時，廠商會減少勞動的僱用量。

P.16[107統測]

( )23. 農曆春節過後很多人想轉換工作，因為轉換工作的空檔產生了失業狀態，下列有關此類型失業的敘述，何者不正確？
(A)這種失業為摩擦性失業
(B)這類型失業與經濟不景氣有關
(C)這種失業為短期現象
(D)就業市場資訊愈不完全，愈會增加這類型失業。

P.32[100統測]

( )24. 在內生成長理論（endogenous growth theory）強調人力資本累積的重要性，下列何種作法對人力資本累積較有幫助？
(A)加強教育訓練
(B)健全市場結構
(C)增加交通建設
(D)鼓勵民間消費。

[95統測]

( )25. 關於國際經貿組織的敘述，下列何者正確？
(A)東南亞國家協會（ASEAN）加三，指的是東協＋中國、日本、印度
(B)美墨加協定（前身為北美自由貿易協定）的經濟整合程度高於歐盟
(C)經濟合作暨發展組織（OECD）之成立目的，並不著重於在會員國間簽署貿易協定
(D)世界貿易組織（WTO）目的在降低會員國間的關稅與非關稅障礙，因此屬於自由貿易區協定。

P.30[112統測]

【以下空白】

第十八回
歷屆全真統測試題

( )1. 工廠發動機所燒的煤炭是屬於
(A)耐久財　(B)自由財　(C)消費財　(D)生產財。　　[87南區專夜]

( )2. 若某財貨價格由50元上漲至70元，而其供給量由300個增加到500個，其供給弧彈性為：　(A)1　(B)1.5　(C)1.67　(D)2.5。　　P.4[105統測]

( )3. 假設葡萄柚和柳橙是替代品，若其他條件不變，只因開放葡萄柚進口，則對柳橙的均衡價格（P）與交易量（Q）有何影響？
(A)P上升，Q上升
(B)P上升，Q下降
(C)P下降，Q下降
(D)P下降，Q上升。　　P.4[88保送甄試]

( )4. 經濟社會愈進步，所得水準愈高，則恩格爾係數
(A) $\to \infty$
(B)=1
(C)在0與1之間愈接近於1
(D)在0與1之間愈接近於0。　　P.8[85中區專夜]

( )5. 假設其他情況不變，一財貨的需求價格是決定在其
(A)最初效用
(B)總效用
(C)平均效用
(D)邊際效用。　　[81南區專夜、83四技二專]

( )6. 生產者對變動要素使用量的決策，其合理階段為
(A)AP遞減到MP為零
(B)AP遞增到MP為零
(C)MP遞增到MP為零
(D)MP遞減到MP為零。　　P.10[85中區專夜]

( )7. 下列有關工資與勞動市場的敘述，何者正確？
(A)名目工資是以「貨幣購買力」表示之工資
(B)若名目工資上漲而物價指數下跌，則實質工資會下跌
(C)勞動生產力等於勞動的總產量
(D)當工資率提高時，所得效果會使勞動工作時數減少。　　P.18[108統測]

( )8. 陳先生若受雇於人，其工作月薪為4萬元。而其有一間店面，若出租之月租為3萬元，陳先生現以自有店面開飲料店，一個月開店各項費用為20萬元，但其不支薪給自己，也不用付店租，而營業收入為25萬元。下列有關其損益的敘述，何者正確？
(A)有經濟利潤5萬元
(B)有經濟損失5萬元
(C)有經濟損失2萬元
(D)有經濟利潤2萬元。　　　　　　　　　　　　　　　　P.12[98統測]

( )9. 廠商購買機器設備所支出的現金為
(A)機會成本
(B)支出成本
(C)外露成本
(D)非成本支出。　　　　　　　　　　　　　　　　　[87中區專夜]

( )10. 廠商的產品價格如等於其邊際收益，則此產品面對的市場必為
(A)完全競爭　　　　　　　(B)不完全競爭
(C)獨占　　　　　　　　　(D)寡占。　　　　　　P.14[86中區專夜]

( )11. 短期間，廠商停止生產，則
(A)避免任何損失
(B)損失了變動成本
(C)損失了固定成本
(D)損失慘重將會破產。　　　　　　　　　　　　P.14[85保送甄試]

( )12. 比較獨占廠商訂價下與完全競爭廠商訂價下的消費者剩餘與生產者剩餘（兩種剩餘之和，稱之為社會福利），右圖中哪一塊面積代表獨占廠商的社會福利損失？
(A)DEG
(B)ACG
(C)BCGD
(D)BCED。　　　　　　　　　　　　　　　　　P.14[93統測]

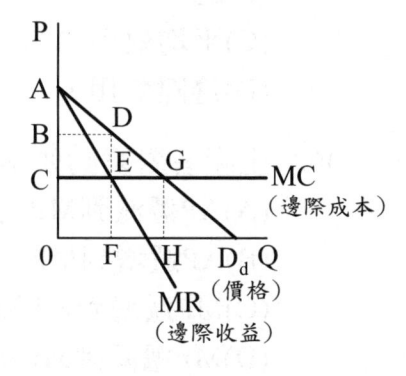

( )13. 在獨占性競爭市場中的廠商行為，何者正確？
(A)許多廠商銷售異質性產品
(B)僅少數廠商決定價格
(C)所有廠商均存在超額利潤
(D)廠商之間容易產生勾結。　　　　　　　　　　　P.14[94統測]

( )14. 根據哈羅德（Roy F. Harrod）及多瑪（Evesey D. Domar）的經濟成長理論，欲提高一國的經濟成長率必須提升
(A)消費率
(B)儲蓄率
(C)人口成長率
(D)最低工資率。

( )15. 勞動供給曲線產生後彎的現象，是因為工資率上升後：
(A)所得效果小於替代效果
(B)所得效果等於替代效果
(C)所得效果大於替代效果
(D)所得效果為零。

( )16. 已知某甲將現金200萬元借給某乙一年，一年後獲得利息10萬元。請問此一筆借款的年利率為多少？
(A)10%　(B)4.2%　(C)5%　(D)2.5%。

( )17. 已知乙國2007年的名目GDP為1,150億元，實質GDP為1,000億元，試問乙國2007年的GDP平減指數為若干？
(A)100　(B)115　(C)150　(D)215。

( )18. 根據凱因斯的消費理論，下列何者正確？
(A)邊際消費傾向＝消費／可支配所得
(B)邊際消費傾向大於平均消費傾向
(C)0＜邊際消費傾向＜1
(D)邊際消費傾向的倒數是乘數係數。

( )19. 在無政府及國外部門的簡單凱因斯模型中，Y為所得，I為投資支出，C為消費支出，S為儲蓄。假設儲蓄函數S＝－300＋0.4Y，均衡所得為1,200，請問下列何者為真？
(A)投資支出為180
(B)消費函數為C＝300＋0.2Y
(C)投資乘數為1.67
(D)邊際消費傾向為0.4。

( )20. 貨幣供給量之供給彈性是
(A)無窮大
(B)大於1
(C)小於0
(D)等於0。

( )21. 下列何者不是政府介入自由經濟的適當原因？
(A)處理外部性的問題
(B)稅收不足
(C)經營自然獨占的產業
(D)公共財的提供。
P.28[100統測]

( )22. 外匯市場台幣對美元升值，造成我國廠商對美國貿易活動的影響為何？
(A)進出口都不利
(B)進出口皆有利
(C)出口有利，進口不利
(D)出口不利，進口有利。
P.30[101統測]

( )23. 下列敘述何者錯誤？
(A)工資上升所造成的物價膨脹是屬成本推動型的膨脹
(B)停滯性膨脹是一種高物價上漲率與高所得水準並存的經濟現象
(C)隱藏性失業是指勞動者的邊際生產力幾乎為零
(D)勞動參與率等於勞動力除以「勞動力與非勞動力之和」。
P.32[88北區專夜]

( )24. 下列有關物價膨脹影響的敘述，何者正確？
(A)對於債權人有利   (B)對於債務人有利
(C)對本國的出口有利   (D)對於固定收入者有利。
[99統測]

( )25. 甲、乙兩國之所得分配如下表所示，下列敘述何者正確？
(A)甲國之所得分配較乙國為平均
(B)乙國之所得分配較甲國為平均
(C)甲國之吉尼係數較乙國大
(D)甲國與乙國之吉尼係數相同。
P.16[112統測]

可支配所得按戶數五等分組之所得分配		
戶數五等分組	甲國所得分配（%）	乙國所得分配（%）
最低所得20%	12	8
次低所得20%	18	12
中等所得20%	22	20
次高所得20%	25	25
最高所得20%	23	35

【以下空白】

第十九回
歷屆全真統測試題

( ) 1. 小周前往銀行辦理一年期之定期存款共100萬元，採每月領取利息，到期領回本金。銀行之牌告利率：機動利率為1.45%而固定利率為1.44%。小周因機動利率較高，因此採機動利率辦理定存。惟自第四個月起，機動利率降為1.42%，小周全年領取之利息相較於固定利率之差額是多少？
(A)少125元　(B)多125元　(C)少200元　(D)多200元。　[112統測]

( ) 2. 需求者對於一定量的某種財貨，願意付出之最高代價稱為
(A)需求價格
(B)供給價格
(C)均衡價格
(D)歧視價格。　[89南區專夜]

( ) 3. 近來由於全球氣候異常，造成主要糧食生產國糧食欠收，許多農家因為收入減少，買不起白米，只能多購買一些較便宜的地瓜或馬鈴薯充飢，這一類消費量與所得呈反方向變動的財貨稱為？
(A)正常財　(B)中性財　(C)劣等財　(D)天候財。　P.4[100統測]

( ) 4. 根據恩格爾（Engel）法則，若某家庭的所得提高，則其恩格爾係數應會：
(A)上升　(B)下降　(C)不變　(D)先上升後下降。　P.8[92統測]

( ) 5. 已知某產品之供給函數 $Q^S = -15 + 3P$，若市場均衡價格為45時，生產者剩餘為多少？
(A)5,400　(B)4,500　(C)2,700　(D)2,400。　P.10[102統測]

( ) 6. 下列有關獨占性競爭與寡占之敘述，何者正確？
(A)寡占廠商的拗折需求線是因為採取差別訂價所造成
(B)獨占性競爭與寡占廠商皆會有勾結行為之產生
(C)價格領導制為獨占性競爭市場之訂價方法之一
(D)獨占性競爭與寡占廠商對於價格皆有影響力。　P.14[111統測]

( ) 7. 若其他條件不變下，某一廠商的長期生產過程中，出現每一種生產要素投入量都增加2倍，而產量只增加0.5倍時，此種產量增加比例小於所有生產要素增加比例的生產關係，稱為：
(A)規模報酬遞減
(B)邊際替代率遞減
(C)邊際效用遞減
(D)邊際報酬遞減。　P.10、P.12[96統測]

( )8. 下列有關獨占市場的敘述，何者錯誤？
(A)自然獨占形成原因為產業具有規模經濟
(B)獨占市場產品無近似替代品
(C)獨占廠商為價格決定者
(D)廠商可以自由進出獨占市場。 [98統測]

( )9. 下列敘述何者錯誤？
(A)P＝MC的主要經濟意義為社會福利的最大化
(B)所有不完全競爭市場之廠商，均無產品供給曲線
(C)完全競爭市場之廠商的總收益線是原點射出的直線而非拋物線
(D)廠商若採AR＝AC來決定均衡，則其目的在追求成本的最小化。
P.14[86四技二專]

( )10. 一國支付匯率上升，則
(A)有利進口，不利出口
(B)對進出口均有利
(C)有利出口，不利進口
(D)對進出口均不利。 P.30[87中區專夜、88中區專夜]

( )11. 假設總體經濟模型為：$Y＝C＋I$，式中$C＝30＋0.75Y$，$I＝20$，若充分就業所得水準（Y_f）為300，請問在均衡所得水準下會產生
(A)膨脹缺口25
(B)緊縮缺口25
(C)膨脹缺口20
(D)緊縮缺口20。 P.24[86南區專夜、89四技二專]

( )12. 下列有關國民所得概念的敘述，何者錯誤？
(A)NNI＝GNI－折舊
(B)NNI＝NI＋生產及進口稅淨額
(C)NNI＝工資＋地租＋利息＋利潤－國外要素所得淨額
(D)NI＝工資＋地租＋利息＋利潤＋國外要素所得淨額。 P.22[99統測改編]

( )13. 若某國的物價膨脹率為15%，失業率為5%，儲蓄率為8%，則此國家的痛苦指數為
(A)10% (B)20% (C)18% (D)23%。 [99商業簡報]

( )14. 若中央銀行認為景氣不好，擬增加貨幣供給量來刺激經濟，下列何者為可行之操作方式？
(A)公開市場賣出債券　　(B)提高重貼現率
(C)收回準備貨幣　　　　(D)降低法定準備率。 P.26[94統測]

( )15. 假設甲國與乙國在生產過程只使用勞動生產要素，且兩國所支付的勞動工資相同。若甲國、乙國生產一雙皮鞋與一套衣服所需的勞動單位數如右表，則下列敘述何者正確？
(A)乙國生產皮鞋與衣服都享有比較利益
(B)依比較利益法則，兩國不會產生貿易行為
(C)乙國生產皮鞋享有比較利益
(D)甲國生產皮鞋享有比較利益。

勞動單位	甲國	乙國
皮鞋	10	8
衣服	15	11

[93統測]

( )16. 下列何種財貨的供給彈性較富於彈性？
(A)產量增加，生產成本增加的速度慢者
(B)用以生產此財貨的要素，其用途甚少者
(C)不易儲藏的財貨
(D)受自然力支配程度大的財貨。
[87保送甄試]

( )17. 設一經濟社會自發性消費$C_0=10$，自發性投資$I_0=30$，邊際消費傾向$c=0.8$，則均衡所得為　(A)250　(B)200　(C)32　(D)8。
[84中區專夜]

( )18. 政府消費支出包含：
(A)移轉性支出
(B)公債利息支出
(C)政府投資支出
(D)一般公共事務支出。
[94統測]

( )19. 下列何者可促進一國之經濟成長？
(A)降低社會福利之照顧與普及
(B)快速增加物價膨脹率
(C)健全國家政治、法治制度以及經貿發展環境
(D)增加全民健保財政支出。
[101統測改編]

( )20. 依據哈羅德（Harrod）的經濟成長理論，以下何者的經濟成長率最高？
(A)高儲蓄率與高資本係數
(B)高儲蓄率與低資本係數
(C)低儲蓄率與高資本係數
(D)低儲蓄率與低資本係數。
[88北區專夜]

( )21. 小美對財貨X的需求如右表所示，如果財貨X的市價每單位為20元時，則小美在市場購買3單位財貨X時，其消費者剩餘為：
(A)0元　(B)15元　(C)20元　(D)25元。

價格（元）	30	25	20	15
需求量（斤）	1	2	3	4

[97統測]

( )22. 若面對油電雙漲，造成物價上漲，這是屬於下列哪一型的物價上漲？
(A)消費推升型
(B)成本推升型
(C)需求推升型
(D)需求改變型。
P.32[101統測]

( )23. 假設台鐵阿里山－嘉義的火車每週一班，其成本為50,000元，且營業收入為58,000元，若每週加開一班，則成本增加為85,000元，而營業收入增加40,000元，請問台鐵會考慮加開班車嗎？
(A)不會，因為邊際成本＞邊際收入
(B)不會，因為邊際成本＜邊際收入
(C)會，因為邊際成本＞邊際收入
(D)會，因為邊際成本＜邊際收入。
P.14[87北區專夜]

( )24. 後彎的勞動供給曲線，其向後彎曲的原因，乃是工資率上漲所引起之下列那一個現象？
(A)所得效果大於替代效果
(B)替代效果大於所得效果
(C)實質工資大於名目工資
(D)名目工資大於實質工資。
P.18[85四技二專]

( )25. 下列敘述何者正確？
(A)消費者行為與物價水準皆是個體經濟學探討的議題
(B)社會主義經濟制度下，支配社會資源分配的主要力量是價格機能
(C)某廠商導入人工智慧於生產製造過程，此為「生產什麼」的問題
(D)探討嚴重特殊傳染性肺炎（COVID-19）疫情對網路遊戲產品銷量的影響，此為實證經濟學的範疇。
P.2[110統測]

【以下空白】

第二十回
歷屆全真統測試題

( )1. 下列哪個國家不是採行自由經濟制度？
(A)美國 (B)北韓 (C)加拿大 (D)英國。 [101統測]

( )2. 假設X財與Y財之價格和邊際效用分別為：$P_X = \$10$，$P_Y = \$5$，$MU_X = 30$，$MU_Y = 5$，則下列何者為理性消費者的行為？
(A)多購買X財，少購買Y財
(B)少購買X財，多購買Y財
(C)同時減少X財與Y財的購買
(D)同時增加X財與Y財的購買。 P.8[89四技二專]

( )3. 若汽油價格上升使大型汽車需求減少，則下列敘述何者正確？
(A)汽油與大型汽車為消費上的替代品
(B)汽油與大型汽車為消費上的互補品
(C)汽油為劣等財
(D)大型汽車為劣等財。 [98統測]

( )4. 小華喝一杯、兩杯、三杯汽水的總效用分別為10、18、23，這表示小華喝汽水的邊際效用
(A)遞增 (B)遞減 (C)不變 (D)為負數。 P.8[88推薦甄試]

( )5. 假設公司生產衣服，勞工為唯一變動生產因素，每日為生產98件衣服，需僱用6位勞工，且每位勞工每日工資為$2,000，求公司的平均變動成本為何？
(A)$122.40 (B)$132.60 (C)$146.20 (D)$163.80。 P.12[94統測]

( )6. 完全競爭下的廠商可以自由進出市場，此特性促使
(A)平均成本線成U字型
(B)MR遞減
(C)長期下來只能獲得正常利潤
(D)AR為水平線。 P.14[89中區專夜]

( )7. 某廠商供給表如下表所示，今設市場價格為60元，該廠商出售9單位產品，則生產者剩餘為

價格	30	40	50	60	70
供給量	0	3	6	9	12

(A)540元 (B)360元 (C)180元 (D)90元。 P.10[86南區專夜]

(　)8. 某天菜市場之雞肉促銷，以平日價格6折出售。李媽媽發現以原來買雞肉的預算，可買到更多雞肉，因而增加雞肉之需求量，此種效果稱為：
(A)跨期效果　(B)所得效果　(C)偏好效果　(D)替代效果。　[99統測]

(　)9. 下列哪一項目計入我國勞動力？
(A)失業人口
(B)70歲已退休的人口
(C)15歲以上在學人口
(D)未滿15歲人口。　P.32[99統測]

(　)10. 假如你有一塊土地，若出租每年有$8,000的租金收入，若以$75,000賣掉並同時投資等值的長期債券，每年可有15%的利息收入，則保留土地不租也不賣的機會成本每年為
(A)$75,000　(B)$11,250　(C)$8,000　(D)$19,250。　P.12[85北區專夜]

(　)11. 為獲取最大利潤，下列哪一種市場的廠商會將市場做有效區隔，並對產品進行差別訂價（price discrimination）？
(A)完全競爭市場的廠商
(B)獨占性競爭市場的廠商
(C)寡占市場的廠商
(D)獨占市場的廠商。　P.14[100統測]

(　)12. 亞當斯密（A. Smith）所謂「一隻看不見的手」是指
(A)交換制度
(B)生產制度
(C)價格制度
(D)分配制度。　P.34[86保送甄試]

(　)13. 有關寡占市場，下列敘述何者正確？
(A)在施威吉（Sweezy）模型中，由於假設廠商在價格的調整方面是追跌不追漲，所以造成拗折的需求曲線
(B)由於廠商數目有限，各廠商可以自行決定產量，所以廠商之間的依存度甚低
(C)由於各廠商可自行決定售價，所以市場價格的變異性很大
(D)寡占廠商經常以差別訂價為其競爭手段。　P.14[87北區專夜]

(　)14. 其他條件不變下，當貨幣需求增加時，將促使貨幣市場之均衡利率
(A)上升
(B)下降
(C)不變
(D)先下降後再上升。　P.26[89四技二專]

( )15. 在簡單的凱因斯模型中，Y＝C＋I，其中Y為所得，C為消費，I為投資，若儲蓄函數S＝－50＋0.2Y，I＝50，則均衡所得為：
(A)50　(B)200　(C)400　(D)500。

( )16. 下列敘述，有哪些是正確的？
①由於工作的環境、條件等不同，所造成之報酬差異，稱為補償性工資差異
②經濟租又稱為生產者剩餘
③供給彈性大的生產要素較易產生經濟租
④由個人觀點而言，地租是一種剩餘
(A)①②　(B)①③　(C)②③　(D)①③④。

( )17. 若某國在1998年國民所得會計帳的資料如下：出口50，進口15，個人消費支出65，國內私人投資毛額25，折舊5，政府支出40；則該國之國內生產毛額GDP為
(A)160
(B)165
(C)170
(D)180。

( )18. 下列何者不是一國從事國際貿易之可能效益？
(A)自然資源稟賦之質與量皆可提升
(B)廠商可藉由市場擴大，來進行大規模生產以享規模經濟之生產效益
(C)增進就業機會以及國民所得
(D)提高國家資源之使用率。

( )19. 如果甲國生產電腦的機會成本是乙國的 $\frac{1}{5}$，甲國生產成衣的機會成本是乙國的 $\frac{1}{3}$，則下列敘述何者正確？
(A)根據絕對利益法則，甲國應專業化生產電腦，乙國應專業化生產成衣
(B)根據比較利益法則，甲國應專業化生產電腦與成衣
(C)兩國根據比較利益法則進行專業分工及國際貿易，兩國福利水準都會增加
(D)若甲國貨幣升值，則甲國出口到乙國的電腦會增加。

( )20. 右圖為X、Y兩國的洛侖士曲線（Lorenz curve）。以下何者為真？
(A)X國所得分配為完全平均
(B)Y國的吉尼係數小於零
(C)Y國的吉尼係數較X國大
(D)Y國的所得分配較X國平均。

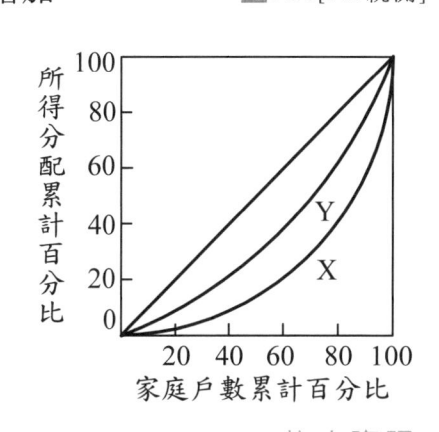

( )21. 設儲蓄函數為 S＝－100＋0.2Y，則收支平衡的均衡所得為
(A)200　(B)300　(C)400　(D)500。
P.24[85保送甄試]

( )22. 下列何者為提供一年以上中、長期有價證券交易的市場？
(A)貨幣市場　(B)資本市場　(C)勞動市場　(D)同業拆款市場。
[98統測]

( )23. 市場失靈會使經濟社會無效率，而下列哪一個是造成市場失靈的原因？
(A)機會成本高
(B)替代效果的存在
(C)資源有限
(D)資訊不對稱。
P.28[99統測]

( )24. 下列敘述何者為正確？
(A)通貨膨脹易造成國際收支盈餘現象
(B)通貨膨脹使實質所得與財富產生重分配
(C)通貨膨脹係指漲一次即停之物價水準提高
(D)工會要求提高工資而引起通貨膨脹，對物價水準與所得之影響方向均相同。
P.32[95統測]

( )25. 下列有關國民所得之敘述，何者正確？
(A)國民所得淨額（NNI）等於GDP減掉折舊
(B)公債利息增加不會影響個人所得
(C)休閒價值的提高會使經濟福利淨額增加
(D)環境品質變化不會影響綠色國民所得帳。
P.22[109統測改編]

【以下空白】

第二十一回
歷屆全真統測試題

( )1. 近年有許多外國科技大廠來臺灣投資設廠,在其他條件不變下,下列有關此投資的敘述何者正確?
(A)此投資行為是屬於間接投資
(B)此投資不會影響外匯的供給與需求
(C)此投資會使外匯需求增加並使台幣升值
(D)此投資會使外匯供給增加並使台幣升值。　P.30[111統測]

( )2. 無法以「邊際生產力說」來說明其產生原因的要素所得是
(A)利潤　(B)工資　(C)地租　(D)利息。　[86保送甄試]

( )3. 若香蕉的需求函數為 $Q = 20 - \frac{1}{2}P$；其中Q為香蕉數量,P為香蕉價格。當Q＝10時,香蕉的需求彈性為:　(A)0.50　(B)0.75　(C)1.00　(D)1.25。　P.4[95統測]

( )4. 財貨X對小育而言是一種季芬財貨(Giffen goods),在其他條件不變下,下列敘述何者為真?
(A)財貨X的價格上漲時,需求量減少
(B)財貨X佔小育支出的比例低於1%
(C)財貨X的價格上漲時,需求量增加
(D)小育對財貨X的消費符合需求法則。　P.4[99統測]

( )5. 設蘋果、鳳梨、香蕉三種水果的價格其對某甲的邊際效用如下表所示,若某甲以56元購買水果,為求最大效用,應買蘋果、鳳梨、香蕉的數量組合為

財貨	價格	單位邊際效用			
		1	2	3	4
蘋果	20元	20	16	10	8
鳳梨	8元	16	12	8	4
香蕉	4元	12	8	4	0

(A)2、2、0　(B)1、3、3　(C)2、0、4　(D)1、4、1。　P.8[88中區專夜]

( )6. 政府提供的失業救濟金,屬於哪一種政府支出?
(A)資本性支出
(B)債務支出
(C)移轉性支出
(D)一般政務支出。　[98統測]

( )7. 邊際效用均等法則成立時，不具有下列何種特性？
(A)總成本最低　　　　　　(B)消費者均衡存在
(C)購買量不再改變　　　　(D)總效用最大。　　　　　　　　　　P.8[87四技二專]

( )8. 下列敘述何者正確？
(A)生產函數表示在已知勞動數量下，廠商生產之最少產量
(B)一位勞工可生產5張椅子，而生產10張椅子時則須雇用3位以上勞工，此乃邊際報酬遞減現象
(C)如果廠商之經濟利潤為零，則表示該廠商應退出該產業
(D)廠商在長期可以變動所有生產因素，但卻無法改變其生產因素之組合。
[100統測]

( )9. 有關「實證經濟學」之敘述，下列何者正確？
(A)以主觀的價值標準，分析經濟政策的決定
(B)研究「應該如何」的問題
(C)又稱「唯真經濟學」
(D)「政府為了刺激國民的消費意願，所得稅率應該降低多少？」是屬於實證經濟學研究範圍。　　　　　　　　　　P.2[89四技二專]

( )10. 下列敘述何者不正確？
(A)TP上升時，MP大於0
(B)TP最大時，MP＝0
(C)MP＞AP時，AP上升
(D)MP＝AP時，MP最大。　　　　　　　　　　P.10[88中區專夜]

( )11. 若吉尼係數g值愈小，表示所得分配
(A)愈不平均　(B)愈平均　(C)不一定　(D)不變。　　P.16[89南區專夜]

( )12. 某運輸公司為完全獨占廠商，因考慮購票者規劃旅遊時間特性，將市場區隔為早鳥市場（搭乘日期100天前購票）及一般市場。早鳥市場採限量優惠，為正常售價之50%。已知正常售價為3,000元，而廠商之邊際成本為900元，請問早鳥市場的需求價格彈性是多少？
(A)1.43　(B)1.67　(C)2.50　(D)5.00。　　　　　　P.14[102統測]

( )13. 下列有關獨占性競爭廠商的敘述，何者錯誤？
(A)對自己產品的價格有某種影響力
(B)產品價格的決定與其產品在市場上的差異化程度有關
(C)長期均衡必定沒有經濟利潤
(D)長期均衡必定位於長期平均成本曲線的最低點。　　P.14[92統測]

( ) 14. 以下何種情況可以提高經濟成長（量），但是不見得能夠促進經濟發展（質）？
①更多勞動力、資本的投入與自然資源的開發
②技術進步、創新發明的快速傳播
③自由競爭發達，促進規模經濟的擴大
④文化制度的改進與行政法律的革新
(A)①② (B)①③ (C)②③ (D)②④。 [86北區專夜]

( ) 15. 於供需法則下，下列何者會造成價格與數量之同步上升？
(A)需求下降但供給增加
(B)需求與供給同時下降
(C)供給不變但需求增加
(D)需求不變但供給增加。 P.4[101統測]

( ) 16. 若甲廠商為完全競爭廠商，其短期平均成本最低為6元，平均變動成本最低為4元。短期下，甲廠商在下列哪一個價格時會停止生產？
(A)3元 (B)6元 (C)7元 (D)8元。 P.14[98統測]

( ) 17. 有關平均消費傾向（APC）、平均儲蓄傾向（APS）、邊際消費傾向（MPC）及邊際儲蓄傾向（MPS）之間關係，下列何者正確？
(A)APC／APS＝1
(B)MPC＋MPS＝1
(C)APC＋MPC＝1
(D)APC×MPS＝1。 P.24[88推薦甄試、89四技二專]

( ) 18. 假設A國2008年統計資料如下：民間消費580億元，政府支出400億元，國內投資淨額700億元，國內投資毛額920億元，進口360億元，出口300億元，間接稅淨額100億元，政府補貼50億元，則A國2008年的GDP為多少？
(A)1,840億元 (B)1,620億元 (C)1,990億元 (D)2,110億元。 P.22[99統測]

( ) 19. 根據凱因斯流動性偏好理論，社會大眾對貨幣的需求是基於交易動機、預防動機與投機動機，其中當市場利率提高時，則下列之敘述，何者為正確？
(A)交易動機貨幣需求增加
(B)投機動機貨幣需求增加
(C)預防動機貨幣需求增加
(D)投機動機貨幣需求減少。 [89四技二專]

( ) 20. 假設簡單凱因斯模型為：$Y=C+I$，$C=40+bY_d$，$I=I_0$，其中Y為所得水準，I為投資支出，C為消費支出，b為邊際消費傾向，Y_d為可支配所得；若投資支出增加3，使均衡所得水準增加30，則邊際儲蓄傾向（MPS）為：
(A)1 (B)0.9 (C)0.2 (D)0.1。 P.24[94統測]

( )21. 有關公共財最適數量決定,下列敘述何者不正確?
(A)公共財具有「無敵對性」(nonrivalry)及「無排他性」(nonexcludable),不容易由一般市場規則決定其最適數量
(B)在民主政治中,由議會審議預算,協商或投票表決來決定公共財數量
(C)公共財最適數量之決定須同時考量整個社會的成本與利益
(D)民意代表選舉,勝選一方可增加公共財數量之提供,獨惠選區支持者。
[100統測]

( )22. 下列有關熊彼得(Joseph Alois Schumpter)企業創新理論之敘述,何者不正確?
(A)此理論的提出年代早於亞當斯密(Adam Smith)發表國富論的年代
(B)可透過新產品生產來達到創新
(C)可透過新技術研發來達到創新
(D)可透過新市場開發來達到創新。
P.34[101統測]

( )23. 若本國貨幣有升值壓力,則下列何者為正確?
(A)外匯市場有超額外匯供給且央行可在外匯市場買匯以穩定匯率
(B)外匯市場有超額外匯需求
(C)央行可在外匯市場出售外匯以穩定匯率
(D)以上皆非。
P.30[86南區專夜]

( )24. 需求拉動的通貨膨脹(demand-pull inflation)發生時,下列何者為正確?
(A)政府可以調降再貼現率的對策來解決
(B)會發生經濟衰退現象
(C)是因經濟體系的總支出不斷增加所產生
(D)會發生總產出下降現象。
P.32[95統測]

( )25. 若某財貨的需求線為$Q_d = a - P$,供給線為$Q_s = P$,P為價格,Q_d為需求量,Q_s為供給量。若均衡數量Q=5,則下列敘述何者正確?
(A)均衡時之消費者剩餘為25
(B)均衡時之消費者剩餘大於生產者剩餘
(C)若價格下限為6時,會造成供過於求
(D)均衡時的供給價格彈性為0.5。
[109統測]

【以下空白】

第二十二回
歷屆全真統測試題

( )1. 若甲銀行收到存款X，而此存款需提列之法定準備金為Y。假設超額準備金為零且沒有現金流失的情形，若已知此存款可創造的存款貨幣總額20,000,000，則下列敘述何者正確？
(A)當X＝1,000,000時，法定準備率為20%
(B)當貨幣乘數為10時，Y＝100,000
(C)當法定準備率為20%，則引申存款為400,000
(D)若Y＝200,000，則X＝2,000,000。

( )2. A國的生產可能曲線PPC如右圖所示，下列有關PPC的敘述何者錯誤？
(A)技術的進步會使PPC_1移動至PPC_2
(B)技術的進步會使PPC_2移動至PPC_3
(C)PPC_1移動至PPC_2表示經濟成長
(D)PPC_1移動至PPC_3表示經濟衰退。

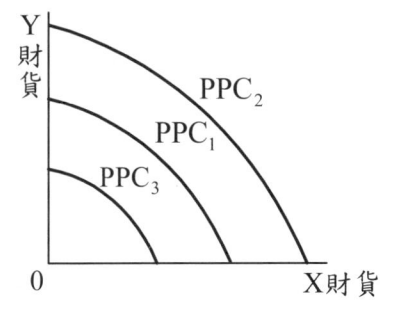

( )3. 下列有關獨占性競爭市場的敘述，哪些正確？
①廠商在長期均衡時，其均衡點一定不會在LAC的最低點
②廠商在長期均衡時，一定無法賺取超額利潤
③廠商對產品價格有若干的影響能力
④廠商的產品供給曲線不存在
(A)①②③　(B)②③　(C)②③④　(D)①②③④。

( )4. 若一國就業人口180萬，失業人口20萬，非勞動力100萬，則下列敘述何者正確？
(A)勞動力200萬　(B)勞動參與率6%　(C)就業率6%　(D)失業率11.11%。

( )5. 關於完全競爭市場的敘述，下列何者正確？　(A)在達成長期均衡時，廠商正常利潤為零　(B)完全競爭廠商面對的需求曲線是彈性為零的水平線　(C)廠商在短期不會做虧本生意　(D)廠商的總收益線、平均收益線與邊際收益線皆為直線。

( )6. 下列有關跨國直接投資（foreign direct investment, FDI）之敘述，何者正確？
(A)FDI可提升被投資國（地主國）之資本報酬率
(B)國外資金到台灣投資股市乃是一種FDI行為
(C)投資國（母國）之企業若過度進行FDI，將可能造成投資國（母國）之產業空洞化
(D)企業進行FDI而將廠房設備外移，則必將會增加企業營運成本。

(　　)7. 當匯率由1美元兌換32元新台幣，變動為1美元兌換31元新台幣時，則下列敘述何者正確？
(A)表示新台幣貶值
(B)表示美元升值
(C)有利於台灣商品的出口
(D)不利於台灣商品的出口。　　　P.30[99統測]

(　　)8. 供給面經濟學派主張以何種對策解決停滯性物價膨脹的問題？
(A)減少貨幣供給　　　　　　(B)直接管制物價及工資上漲率
(C)減低稅率，激勵生產　　　(D)減少干預，尊重價格機能。　[88保送甄試]

(　　)9. 下列何者為擴張性之財政政策？
(A)擴大公共建設之支出　　　(B)增加貨幣供給
(C)提高所得稅稅率　　　　　(D)提高遺產稅稅率。　P.28[102統測]

(　　)10. 國內生產毛額（GDP）的政府支出項目不包含下列何者？
(A)公立中小學老師薪資　　　(B)政府對友邦之援助金轉移性
(C)員警的薪資　　　　　　　(D)實質購買性消費性支出。　[88推薦甄試]

(　　)11. 如某物的價格下跌，其總支出與價格同比例減少，則該物需求的價格彈性絕對值　(A)大於1　(B)小於1　(C)等於1　(D)等於0。　P.4[89中區專夜]

(　　)12. 若要素市場為完全競爭，而廠商使用a、b兩種要素（價格為P_a、P_b）來生產X財貨（價格為P_X），則下列敘述有哪些是正確的？
①當$MPP_a / P_a = MPP_b / P_b$成立時，廠商的生產成本達於最低（$MPP_a$為要素的邊際生產量）
②當$MRP_a / P_a = MRP_b / P_b$成立時，廠商的利潤達於最大（$MRP_a$為要素的邊際生產收益）
③要素a的僱用量決定於$P_X = MRP_a$
(A)①　(B)①②　(C)②③　(D)①②③。　P.16[87四技二專]

(　　)13. 在一個封閉且無政府部門存在的經濟體系內，若儲蓄函數為$S = -150 + 0.25Y$，其中Y為所得，投資函數I＝100，若自發性投資增加100，則投資乘數為
(A)0.25　(B)0.75　(C)4　(D)5。　P.24[89北區專夜]

(　　)14. 有關利潤的敘述，下列何者為正確？
(A)奈特（Frank H. Knight）曾提出獨占廠商才存在經濟利潤的觀點
(B)利潤是在生產前已決定，屬於前定所得
(C)利潤可促進經濟成長，增加就業機會
(D)利潤可由邊際生產力決定。　P.20[95統測]

( )15. 安安吃柳丁的邊際效用,第一顆為35,第二顆為27,第三顆為21,則下列敘述何者正確?
(A)吃三顆柳丁的總效用為82
(B)吃三顆柳丁的平均效用為21
(C)吃二顆柳丁的平均效用為28
(D)吃二顆柳丁的總效用為62。　P.8[99統測]

( )16. 下列何者是為經濟租的部份?
(A)生產者的正常利潤
(B)生產者的機會成本
(C)生產者的剩餘
(D)生產者的總收益。　P.18[88保送甄試]

( )17. 下列有關訂價的敘述,何者錯誤?
(A)第一級差別訂價會使消費者剩餘為零
(B)邊際成本訂價法為價格等於邊際成本
(C)第三級差別訂價會對需求價格彈性較小的市場訂價較高
(D)追求最大利潤的廠商,其訂價條件為邊際收入等於變動成本。　P.14[98統測]

( )18. 一廠商的短期總成本函數為$STC(Q)=100+10Q^2$,其中Q為產量。若產量為10,下列何者錯誤?
(A)平均變動成本為1,000
(B)總固定成本為100
(C)平均總成本為110
(D)平均固定成本為10。　P.12[89推薦甄試]

( )19. 下列敘述何者錯誤:
(A)創新理論是由熊彼得(Schumpeter)所提出
(B)CPI上升必定能促進經濟成長
(C)人力資本為影響經濟成長之因素
(D)技術進步會促進經濟成長。　P.34[99統測]

( )20. 下列有關寡占市場的敘述,何者正確?
(A)廠商的家數眾多
(B)寡占廠商為價格接受者
(C)產品必定為同質化產品
(D)廠商偏好非價格競爭。　P.14[98統測]

(　　)21. 假設一總體經濟體系的總體模型為（單元：億元）：
Y＝C＋I＋G，C＝40＋0.8(Y－T)，I＝20，G＝10，T＝10。
若充分就業的所得水準是300，則下列何者正確？
(A)經濟社會出現緊縮缺口　　(B)此缺口是10億元
(C)自發性投資乘數是4　　　　(D)平衡預算乘數等於1。

(　　)22. 假設其他情況不變，若某財貨的供給減少，對該財貨的均衡價格和均衡數量有何影響？
(A)均衡價格上漲，均衡數量增加
(B)均衡價格上漲，均衡數量減少
(C)均衡價格下跌，均衡數量增加
(D)均衡價格下跌，均衡數量減少。

(　　)23. 設生產函數$Q＝2KL－0.6L^2－0.6K^2$，其中K＝10，則當L＝10時之勞動平均產出（AP_L）為　(A)6　(B)8　(C)10　(D)12。

(　　)24. 設X、Y、Z三種財貨的價格分別為10元、5元、3元，其邊際效用如下表所示，今某甲以44元支出，為獲得最大的總效用，則X、Y、Z三財貨的購買組合應為

消費種類 \ MU \ 消費量	1	2	3	4
X	30	20	15	12
Y	25	15	10	7
Z	20	12	6	2

(A)2、3、3　(B)3、2、1　(C)2、4、1　(D)3、1、3。

(　　)25. 以下有關國內生產毛額（GDP）的描述，何者正確？（下列敘述中之P_x、P_y分別表財貨x、y之價格，而Q_x、Q_y分別表財貨x、y之數量）
(A)某國2018年的中古車成交值為5,000萬，此會使2018年該國GDP增加5,000萬
(B)地下經濟規模提高會使GDP上升，而環境污染會使經濟福利淨額減少
(C)某甲於2018年1月至12月間，因家人生病將全職工作改為部份工時工作，月薪由6萬調降為3萬，此會使當年GDP減少3萬
(D)若某國僅生產x，y兩財貨，第1年之$P_x＝2.5$、$Q_x＝100$、$P_y＝10$、$Q_y＝40$；第2年之$P_x＝3$、$Q_x＝80$、$P_y＝12$、$Q_y＝60$。若以第1年為基期，該國第2年GDP平減指數為120。

【以下空白】

第二十三回
歷屆全真統測試題

( )1. 有關某獨占廠商之差別訂價行為，在追求利潤最大化下，下列敘述何者正確？
（下列敘述中的CS表消費者剩餘，P_a與P_b分別為A、B兩市場之價格，E_a與E_b分別為A、B兩市場的需求價格彈性，MR_a與MR_b分別為A、B兩市場的邊際收益）
(A)若採第二級差別訂價，會使CS＝0
(B)若採第三級差別訂價，其會較第一級差別訂價剝奪更多的CS
(C)若在A、B兩市場銷售，當$E_a=2$而$E_b=4$，則$P_a=1.5P_b$
(D)若在A、B兩市場銷售，當$E_a>E_b$，則均衡時$MR_a>MR_b$。　[111統測]

( )2. 探討一個國家或整個社會經濟問題如國民所得、就業水準、經濟循環等的經濟學，稱為
(A)規範經濟學　　　　(B)實證經濟學
(C)總體經濟學　　　　(D)個體經濟學。　P.2[88南區專夜]

( )3. 當國發會所公布的景氣對策訊號為藍燈時，代表下列何種經濟狀況？此時政府應採取何種因應政策？
(A)景氣穩定，宜採取穩定性經濟政策
(B)景氣活絡，宜採取緊縮性經濟政策
(C)景氣趨緩，宜採取緊縮性經濟政策
(D)景氣衰退，宜採取擴張性經濟政策。　[98統測改編]

( )4. 以下關於物價膨脹（Inflation）的敘述何者正確？
(A)當物價膨脹發生時，對公務員較為有利
(B)停滯性的物價膨脹（Stagflation）是指在失業率停滯不變時，物價不斷的上漲
(C)當物價膨脹發生時，政府可拋售有價證券以抑制物價
(D)國內物價膨脹時，會導致貿易順差。　P.32[89北區專夜]

( )5. 下列哪一項因素可能導致某一財貨之需求曲線向左移動？
(A)該財貨價格上漲
(B)該財貨的需求量增加
(C)替代品的價格上漲
(D)互補品的價格上漲。　P.4[105統測]

( )6. 洛侖士曲線（Lorenz Curve）圖形的縱軸變數為何？
(A)累計所得百分比　　(B)累計戶數百分比
(C)累計支出百分比　　(D)累計投資百分比。　P.16[101統測]

( )7. 完全競爭市場中，個別廠商所面對的需求曲線：
(A)為正斜率的直線
(B)為負斜率的直線
(C)為一條水平直線
(D)為一條垂直橫軸的直線。　P.14[99統測]

( )8. 在一個封閉且無政府部門的經濟體系，若儲蓄函數為 $S = -150 + 0.25Y$，其中 Y為所得，投資函數$I = 100$，則下列敘述何者正確？
(A)儲蓄曲線之斜率為0.75
(B)消費函數為$C = 150 + 0.25Y$
(C)當Y增加100時，消費支出將增加175
(D)當$Y = 1,000$時，$APC = 0.9$。　P.24[89北區專夜]

( )9. 如果社會大眾因為看好股票市場投資，而紛紛將定期存款解約轉成活期儲蓄存款，伺機等待進場投資股票，這時的各類貨幣供給額將如何改變？
(A)M_2增加　(B)M_{1B}增加　(C)M_{1A}增加　(D)準貨幣數量不變。　P.26[100統測]

( )10. 下列何者為貿易保護措施？
(A)課徵進口關稅
(B)課徵加值型營業稅
(C)失業補貼
(D)開放外資流入。　P.30[98統測]

( )11. 若某國2009年實質國內生產毛額（實質GDP）為10,000萬元，2010年名目GDP為11,000萬元，以2009年為基期之2010年GDP平減指數為105，則下列何者最接近2010年之經濟成長率？
(A)0%　(B)4.76%　(C)2.55%　(D)5.61%。　[101統測]

( )12. 假設在相同勞動投入下，A、B兩國分別產出的X產品與Y產品數量如右表。如果兩國根據比較利益法則從事自由貿易，則：
(A)B國應同時出口X與Y產品
(B)A國出口X產品，B國出口Y產品
(C)B國出口X產品，A國出口Y產品
(D)A國應同時出口X與Y產品。

產量	A國	B國
X產品	10	8
Y產品	25	15

P.30[99統測]

( )13. 下列哪一項是導致供給曲線往右移動的原因？
(A)生產技術進步　　　(B)政府稅金提高
(C)財貨的耐用程度愈大　(D)原物料價格提高。　[100統測]

( )14. 下列敘述何者錯誤？
(A)個別完全競爭廠商，面對價格彈性無窮大的需求線
(B)獨占廠商，面對負斜率的需求線
(C)獨占性競爭廠商，面對價格彈性等於零的需求線
(D)寡占市場中，存在價格僵固性（sticky price），是因為廠商之間跟跌不跟漲的訂價行為所致。
 P.14[88四技二專]

( )15. 關於地租的敘述，下列何者錯誤？
(A)李嘉圖提出差額地租理論
(B)差額地租理論認為地租是一種成本，而非剩餘
(C)站在個人觀點，地租是成本；站在社會觀點，地租是剩餘
(D)地租與地價成正比。
 P.18[89推薦甄試]

( )16. 一獨占廠商的邊際成本固定為4.5元，其面對可採取差別訂價的甲、乙兩個市場（兩個市場間的產品無法轉售），甲市場的需求價格彈性固定為 -4，而乙市場的固定為 -2。若目前甲市場的價格為6元，乙市場的價格為10元，則此獨占廠商為求利潤的極大，應採行下列哪個措施？
(A)提高乙市場價格
(B)降低乙市場價格
(C)降低甲市場價格並提高乙市場價格
(D)降低甲市場價格。
 P.14[92統測]

( )17. 假設某國於2017年的民間消費支出為5,000億、投資淨額為2,000億、折舊為600億、政府消費支出為2,000億、淨出口為500億、國外要素所得淨額為 -400 億，則下列有關此國於2017年的敘述何者正確？ (A)軍公教人員退休年金支出列入政府投資支出 (B)國內生產毛額為9,500億 (C)國民生產毛額為9,700億 (D)為貿易入超國。
 P.22[107統測]

( )18. 下列有關凱因斯主張貨幣需求之動機的敘述，何者錯誤？
(A)交易動機所需的貨幣數量，會因所得提高而增加
(B)交易動機所需的貨幣數量，會因利率提高而減少
(C)預防動機所需的貨幣數量，會因所得提高而增加
(D)投機動機所需的貨幣數量，會因利率提高而減少。
 [99統測]

( )19. 假設政府對某民生用品A採行價格上限之政策，已知該財貨之需求函數為 $Q^d = 450 - 2P$，供給函數為 $Q^s = 50 + 3P$。以下關於此財貨市場之敘述，何者為真？ (A)若價格上限為105，此市場有超額供給現象 (B)若價格上限為90，此市場有超額需求現象 (C)若價格上限為85，此市場有超額供給現象 (D)若價格上限為75，此市場有超額需求現象。
 P.5[102統測]

( )20. 乙國在西元1996年的名目GDP為800億美元。若西元2000年的名目GDP為954億美元,且該年的物價指數為106(以西元1996年為基期),則乙國在西元2000年的實質GDP為若干?
(A)101,124億美元　　(B)848億美元
(C)900億美元　　　　(D)75,412億美元。　　　　P.22[89北區專夜]

( )21. 所謂邊際產量意指
(A)總產量除以每一單位產量
(B)某生產因素每增加一單位時,總產量的增量
(C)總產量減平均產量
(D)等於平均產量。　　　　P.10[87南區專夜]

( )22. 假設$MP_L = 50 - 2L$,$P_X = \$10$,其中$MP_L$表示勞動之邊際生產量,$P_X$表示X產品之產出價格,L為勞動。若均衡時之勞動僱用量為L=15,試求產品市場與要素市場皆為完全競爭時的工資水準為
(A)20　(B)30　(C)150　(D)200。　　　　P.16[89四技二專]

( )23. 若需求彈性大於一,當物價上漲時,消費者的總支出會
(A)減少　(B)增加　(C)不一定　(D)不變。　　　　P.4[88南區專夜]

( )24. 下列有關價格管制之敘述,何者正確?
(A)保障收購價格制度是屬價格上限(price ceiling)之管制概念
(B)若採有效價格上限管制,則市場容易出現供不應求之情況
(C)有效的價格下限(price floor)旨在保護生產者利潤,而且其價格應低於市場均衡價格
(D)於戰亂或過度通貨膨脹時,政府較易採價格下限手段管制商品價格。
P.5[101統測]

( )25. 假設$Y = C + I + G$,$C = a + bY_d$,$Y_d = Y - T$,$I = I_0$,$G = G_0$,$T = T_0$,其中,Y為國民所得,C為消費,I為投資,G為政府支出,a為自發性消費,b為邊際消費傾向,Y_d為可支配所得,投資為固定常數I_0,政府支出為固定常數G_0,租稅為固定常數T_0,則下列敘述何者正確?
(A)投資乘數與邊際消費傾向呈反向變動
(B)政府支出乘數等於邊際消費傾向的倒數
(C)政府租稅乘數等於邊際儲蓄傾向除以邊際消費傾向
(D)平衡預算乘數等於政府支出乘數加上政府租稅乘數。　　　　P.24[112統測]

【以下空白】

第二十四回
歷屆全真統測試題

( )1. 靜香目前失業並積極尋找工作，平均每月消費額為$20,000。若某公司決定以月薪$30,000僱用她，若靜香選擇工作，靜香的機會成本為：
(A)$0　(B)$10,000　(C)$30,000　(D)$50,000。　　[P.2 94統測補考]

( )2. 下列敘述何者有誤？　(A)地租的大小，決定於土地的需求　(B)差額地租產生的原因之一是因為土地品質有差異　(C)地租是暫時性的超額利益，準租是永恆的超額利益　(D)經濟租即為生產者剩餘。　　[P.18 89北區專夜]

( )3. 認為企業經營者的利潤係剝削自勞動者剩餘價值的經濟學者是
(A)凱因斯　(B)馬爾薩斯　(C)亞當斯密　(D)馬克斯。　　[P.20 89四技二專]

( )4. 下列有關經濟環境之敘述，何者正確？
(A)就業率、所得水準等經濟指標，皆會與景氣變動的方向一致
(B)一般而言，失業率與物價上漲率會成正比，且兩者加總即為一國之痛苦指數
(C)充分就業是指一個社會中，所有人都有工作之情況
(D)當景氣處於衰退階段時，則企業會減少生產以致存貨會減少。　　[P.32 101統測]

( )5. 實質利率為5%，而通貨膨脹率為2%，則名目利率為多少？
(A)2.5%　(B)3%　(C)5%　(D)7%。　　[98統測]

( )6. 下列關於失業率的敘述，何者正確？
(A)自然失業率是由循環性、季節性及隱藏性因素所造成之失業
(B)在自然失業率之水準時，表示已達到充分就業
(C)因景氣衰退或蕭條所造成的失業，稱為結構性失業
(D)剛畢業的學生暫時還沒找到合適工作，稱為結構性失業。　　[P.32 99統測]

( )7. 導致外匯需求線右移的原因為　(A)本國所得提高　(B)外國對本國產品偏好提高　(C)外國產品和勞務價格相對提高　(D)以上皆是。　　[88南區專夜]

( )8. 假設某國在三個年度中的人口、勞動力和失業率的數值如下表，下列何者正確？
(A)①＝85,500，②＝60%
(B)③＝4.5%，④＝100,000
(C)⑤＝60%，⑥＝9.2%
(D)⑦＝15,000，⑧＝65%。　　[111統測]

年度	15歲以上民間人口	失業人口	就業人口	勞動力	勞動參與率	失業率
2019	150,000	4,500	①	90,000	②	③
2020	160,000	8,000	92,000	④	⑤	⑥
2021	165,000	⑦	105,000	115,500	⑧	⑨

( )9. 以下敘述，何者不是大規模生產經濟的理由？ (A)企業領導人的企業才能，不可能隨生產規模無限擴張 (B)規模擴大可使用更精密的機器 (C)規模擴大可採取更精密的分工 (D)規模擴大可增加原物料使用數量。 [87中區專夜]

( )10. 若某完全競爭市場財貨的市場需求函數$Q = 14 - 2P$，而廠商供給的平均成本AC與邊際成本MC皆為3；則達成均衡時的數量Q_e，與消費者剩餘CS分別為
(A)$Q_e = 14$，CS = 32
(B)$Q_e = 8$，CS = 32
(C)$Q_e = 14$，CS = 16
(D)$Q_e = 8$，CS = 16。 P.8、P.14[88北區專夜]

( )11. 在簡單凱因斯模型下，已知本國之均衡所得為1,600，充分就業所得為2,400，邊際消費傾向為0.75。請問欲達成充分就業之所得水準，投資支出應該增加
(A)100 (B)200 (C)400 (D)800。 P.24[88四技二專]

( )12. 有一個完全競爭廠商的各種短期成本曲線如右圖所示，其中MC、AC、AVC、P、C和q分別代表邊際成本、平均成本、平均變動成本、價格、成本和產量，下列敘述何者正確？
(A)廠商的短期供給曲線為D點以上的MC線
(B)當市場價格為20元時，該廠商的經濟利潤為72
(C)當市場價格為13元時，該廠商的總固定成本為161
(D)當市場價格為10元時，該廠商應該生產的數量為10。 P.14[112統測]

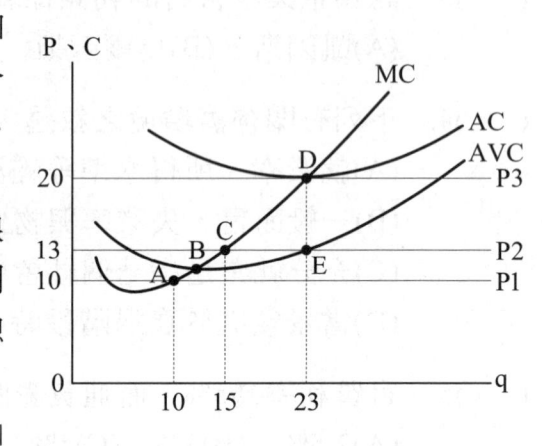

( )13. 設有一包含政府部門的簡單凱因斯模型為$Y = C + I + G$，$C = 100 + 0.8(Y - T)$，$I = 50$，$G = 40$，$T = 60$；則均衡所得水準為
(A)900 (B)830 (C)800 (D)710。 P.24[87南區專夜]

( )14. 若產量10單位時，總成本為200，增加一單位生產因素使用後產量變為12，總成本增加為240，則邊際成本為 (A)30 (B)20 (C)15 (D)10。 P.12[89南區專夜]

( )15. 假設獨占廠商為追求利潤最大，對於購買同質商品之成人及學生實施差別取價。若一般成人之需求的價格彈性為2，訂價為100元，則下列敘述何者正確？
(A)若學生之需求的價格彈性為3時，訂價應高於100元
(B)若學生之需求的價格彈性為3時，訂價應低於100元
(C)若學生之需求的價格彈性為2時，訂價應高於100元
(D)若學生之需求的價格彈性為1時，訂價應低於100元。 P.14[99統測]

( )16. 根據哈樂德－多瑪（Harrod-Domar）理論，已知資本產出比例（或資本係數）為5，社會的儲蓄率為20%，則經濟成長率為
(A)1% (B)2% (C)4% (D)5%。 P.34[89北區專夜]

( )17. 在一般經濟學對「貨幣供給」的探討,下列何者正確?
(A)是指中央銀行最初發行的通貨淨額
(B)是一種存量的觀念
(C)其增加或減少,受所得及利率水準的影響
(D)其彈性是無限大的。 [88保送甄試]

( )18. 某種財貨的價格變化無常,但消費者對此種財貨的購買量始終不變,則此種財貨的彈性係數為
(A)等於一 (B)小於一 (C)大於零 (D)等於零。 P.4[85保送甄試]

( )19. 下列哪一項不會使當年度國內生產毛額(GDP)增加?
(A)中古房屋交易熱絡,仲介者佣金收入增加40%
(B)我國籍聲樂家首度在國內舉辦巡迴演唱會,吸引大批歌迷購票
(C)政府加碼提供獎學金給各項表現優良的學生
(D)某百貨商場開幕舉辦促銷活動,吸引大批民眾前往搶購。 P.22[99統測]

( )20. 假設某一國家當年度的國民所得會計帳資料如下:工資250億元,地租350億元,利息200億元,利潤220億元,企業間接稅淨額50億元,折舊80億元,國外要素所得淨額40億元。下列何者不正確?
(A)國民所得(NI)為1,060億元
(B)國內生產毛額(GDP)為990億元
(C)國民所得毛額(GNI)為1,190億元
(D)國民所得淨額(NNI)為1,110億元。 P.22[100統測改編]

( )21. 下列何者非經濟學所定義的生產要素?
(A)勞動 (B)原料 (C)資本 (D)企業家精神。 [88推薦甄試]

( )22. 下列有關「鑽石與水的矛盾」之敘述,何者正確?
(A)水之邊際效用較大,而鑽石之邊際效用較小
(B)水之消費者剩餘較小,而鑽石之消費者剩餘較大
(C)水之生產者剩餘較小,而鑽石之生產者剩餘較大
(D)水之總效用較大,而鑽石之總效用較小。 [84北區專夜]

( )23. 若X財貨價格為10元時,某人購買4個,此時其邊際效用(MU_X)為500效用單位,試問貨幣的邊際效用(MU_m)為多少?
(A)5,000效用單位
(B)2,000效用單位
(C)125效用單位
(D)50效用單位。 P.8[85中區專夜]

( )24. 當禽流感發生時,會造成禽類產品市場發生下列何種情況?
(A)需求減少,供給增加
(B)需求增加,供給增加
(C)需求減少,供給減少
(D)需求增加,供給減少。 [101統測]

( )25. 若每一英鎊兌換美元之原有匯率為1.32,若變動後之新匯率為E,則下列有關此匯率變動的敘述,何者正確?
(A)若英鎊升值幅度為10%,則E＝1.2
(B)若E＝1.2,則美元升值幅度為10%
(C)若E＝1.25,此變動將有利於美國之出口
(D)若E＝1.35,此變動將不利於英國之進口。 P.30[110統測]

【以下空白】

第二十五回
歷屆全真統測試題

( )1. 已知某廠商的總收益函數為TR＝10q，其中q為廠商的產量，則下列何者錯誤？
(A)邊際收益函數為MR＝10
(B)廠商的需求曲線為負斜率的直線
(C)平均收益AR等於MR
(D)商品的市場價格為10。

( )2. 企業家常說「春天的燕子來了」，是形容下列何種情況？
(A)生產資源價格的變動
(B)生產技術的改進
(C)生產資源新發現
(D)對未來產業訂單樂觀的預期。

( )3. 下列何者並非使市場失靈的原因？
(A)外部性的問題　　(B)公共財的存在
(C)市場供過於求　　(D)資訊不對稱。

( )4. 若A廠商擬投資設廠，其正在評估要生產速食麵或冷凍水餃。請問此為下列何種經濟問題？
(A)何時生產　(B)為誰生產　(C)如何生產　(D)生產什麼。

( )5. 某生產者的總成本函數為：AC＝200－24Q＋Q^2，邊際成本函數為MC＝200－48Q＋3Q^2，則該生產者的平均成本最小值AC＝MC為
(A)46　(B)56　(C)572　(D)672。

( )6. 在短期內，如果完全競爭市場之產品價格為10元，邊際成本為15元，則該廠商應該
(A)維持原生產　　(B)增加生產
(C)減少生產　　　(D)提高產品價格。

( )7. 如果外商公司在集中市場大量賣出股票，將新台幣轉換成美元匯出，對台灣會有什麼影響？
(A)美元貶值　(B)新台幣貶值　(C)新台幣升值　(D)股市大漲。

( )8. 在其他條件不變的情況下，下列有關利率的敘述，何者正確？
(A)利率上升時，投資會增加
(B)利率下跌時，儲蓄會增加
(C)投資與利率呈反向變動的關係
(D)利率與儲蓄呈反向變動的關係。

(　　)9. 某航空公司在新的一年開始時，為了使其總收入極大化，採票價變更策略，則其應採的策略為何？
(A)經濟艙因需求彈性小於1，須降價
(B)經濟艙因需求彈性大於1，須漲價
(C)頭等艙因需求彈性小於1，須漲價
(D)頭等艙因需求彈性大於1，須降價。　　　　　P.5[87北區專夜]

(　　)10. 有關所得分配理論，下列敘述何者正確？
(A)所謂「個人的所得分配」是按照生產要素對於生產貢獻的不同所作的分配
(B)羅倫茲曲線（Lorenz curve）其橫軸是人口密度指數
(C)吉尼係數（Gini coefficient）大於1，表示所得分配極不平均
(D)高低所得倍數的比值愈大，表示所得分配愈不平均。　　　P.16[87北區專夜]

(　　)11. 某甲2003年大學畢業時起薪為20,000元，到2013年薪水調為63,000元；而在此段期間物價水準上漲了40%，請問相較於2003年，2013年某甲之實質薪資增加多少元？　(A)25,000元　(B)29,642元　(C)35,000元　(D)43,000元。　[102統測]

(　　)12. 關於邊際報酬遞減法則，下列敘述何者正確？
(A)在生產第二階段才開始發生邊際報酬遞減現象
(B)邊際產量大於平均產量時，不會發生邊際報酬遞減現象
(C)邊際產量大於零時，可能會發生負報酬現象
(D)邊際產量及平均產量均大於零，平均產量大於邊際產量，是合理的生產階段。
　　　　　　P.10[94統測補考]

(　　)13. 某產品為獨占市場如右圖所示，AC為平均成本線，MC為邊際成本線，MR為邊際收入線，AR為平均收入線。該獨占廠商未採差別訂價，在追求利潤最大的前提下，短期均衡時，其產量（Q）與價格（P）的組合應為(Q, P)＝？
(A)(Q_1, P_4)
(B)(Q_1, P_1)
(C)(Q_2, P_2)
(D)(Q_3, P_3)。　　　[99統測]

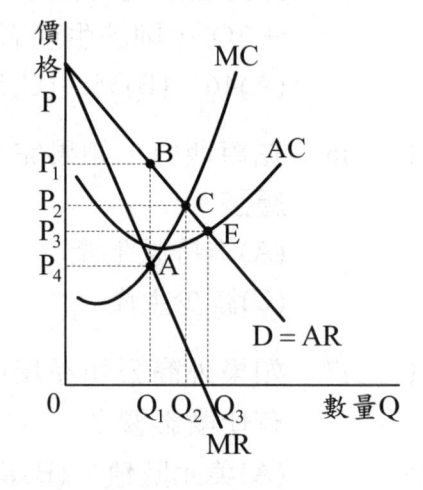

(　　)14. 下列有關寡占市場的敘述，何者不正確？
(A)廠商做決策時，相當關心同業的反應與作為，因此同業間彼此牽制、互相依賴
(B)拗折的需求曲線用來說明寡占市場產品價格的僵固性
(C)拗折的需求曲線是假設廠商在訂價時「跟跌不跟漲」所得到
(D)寡占市場廠商因同業間彼此牽制，不會產生勾結行為。　　　P.14[100統測]

( )15. 經濟成本為下列哪兩項之和？
(A)社會成本與外部成本
(B)外部成本與會計成本
(C)會計成本與正常利潤
(D)內含成本與外部成本。 [98統測]

( )16. 若已知A國2019年之名目GDP＝1,400，企業間接稅淨額＝0、國外要素所得淨額＝50，C為消費支出、I為投資支出、G為政府支出、X為出口、M為進口，下列有關A國2019年之敘述何者正確？
(A)若C＋I＋G＝1,550，則X＞M
(B)若折舊＝150，則國民所得＝1,300
(C)若A國2019年的GDP平減指數為110，則實質GDP＞1,400
(D)在其他條件相同下，若A國2019年之休閒價值提高，則名目GDP大於1,400。 [110統測]

( )17. 就短期消費函數而言，所得水準愈高，則平均消費傾向（APC）
(A)愈大 (B)愈小 (C)不變 (D)大小不一定。 [88南區專夜]

( )18. 歷屆獲得全國冠軍米寶座的農夫們，利用深厚的栽培技術知識與經驗實力，種出高品質的好米，這是屬於哪一種知識類型？
(A)「是什麼」的知識（Know-what）
(B)「為什麼」的知識（Know-why）
(C)「如何做」的知識（Know-how）
(D)「是誰擁有」的知識（Know-who）。 [101統測]

( )19. 我國為解決此次全球金融風暴引發經濟不景氣的問題，曾採用的政策何者為貨幣政策？
(A)發放消費券
(B)增加公家機構之短期約聘人員
(C)降低利率
(D)提供失業給付。 [98統測]

( )20. 某封閉經濟體系的國家，其邊際消費傾向（marginal propensity to consume）為0.8，投資為$600億，政府消費支出為$500億，定額稅為$300億，若該國欲增加政府消費支出為$700億，所得水準則：
(A)增加$700億
(B)增加$800億
(C)增加$900億
(D)增加$1,000億。 [94統測補考]

( )21. 國民所得淨額（NNI）中不含移轉支付的原因為？
(A)款項收到後未必會支付出去
(B)非用於生產財貨與勞務等行為
(C)應計入政府支出項目中
(D)有重複計算的現象。 [100統測改編]

(　)22. 以下有關短期分析時之生產三階段的敘述有幾項正確？
①第一階段，平均產量（AP）是遞增且在AP最高點時與邊際產量（MP）曲線相交
②第二階段，總產量（TP）增加的速度遞減
③第三階段，MP為負，TP遞增
④理性的生產者應選擇MP處於遞增的階段來生產
(A)① (B)①② (C)②④ (D)①③④。

(　)23. 阿杰有4,800元，可用於購買專業雜誌或上網時數，專業雜誌每期360元，上網費用每月600元，已知雜誌及上網的每一元之邊際效用（$\frac{MU}{P}$）如下表。在追求效用最大下，阿杰的消費組合（雜誌期數,上網月數）應為：
(A)(5,5) (B)(10,5) (C)(5,10) (D)(10,10)。

每一元之邊際效用（$\frac{MU}{P}$）

單位	1	2	3	4	5	6	7	8	9	10
雜誌	400	250	160	135	120	115	113	112	111	110
上網	500	380	280	200	120	90	70	60	50	40

(　)24. 假設需求不變供給減少，則
(A)生產者剩餘不變　　　　(B)消費者剩餘增加
(C)消費者剩餘減少　　　　(D)消費者剩餘不變。

(　)25. 假設投入相同單位的生產要素，甲國和乙國生產晶片和遊艇的數量分別如右表，下列敘述何者正確？

	甲國	乙國
晶片	400	200
遊艇	150	100

(A)甲國對晶片之生產具有絕對利益，乙國則是對遊艇之生產具絕對利益
(B)依比較利益法則，甲國應專業生產晶片
(C)依比較利益法則，乙國應同時生產晶片與遊艇
(D)乙國對晶片及遊艇之生產皆具有絕對利益。

【以下空白】

答案與詳解

搶分終點線試題答案

	CH1		CH2		CH3		CH4		CH5
1	D A C C A	1	B C B B C	1	B D B D B	1	D B C C A	1	D C A C A
6	B A B B C	6	A C A D A	6	D C B C C	6	C A D D C	6	C B A A D
		11	A B B C B						
		16	D C D B A						

	CH6~9		CH10		CH11		CH12		CH13
1	C B D B C	1	D D B D D	1	A C A C D	1	A B C D A	1	A C D C D
6	C A C C C	6	B A C A B	6	A D B D C	6	C A C B B	6	C B A D C

	CH14		CH15		CH16		CH17		CH18
1	D C D D D	1	A B B B D	1	A D B D B	1	C A A C D	1	B D A A D
6	C C A C D	6	A C B B B	6	B B B B C	6	D B B C A	6	C B A C D

	CH19
1	D B B B C
6	D D D C A

CH1 詳解

5. 理性消費者會根據「經濟原則（以最少的代價，獲得最大的滿足）」來進行自利行為。
6. B：技術進步會帶動經濟成長，使整條 PPC 線「外移」。
8. 小濟週末放假期間選擇在家手作蛋糕的機會成本為前往商展打工的酬勞 1,600 元。

CH2 詳解

6. D 線愈平坦，E^d 愈大；D 線愈陡峭，E^d 愈小 ⇒ A＞B＞C。
7. 均衡時，$Q_S = Q_d$ ⇒ $-5+3P = 11-P$ ⇒ $P^* = 4$，$Q^* = 7$。
   B：∵財貨 A 為正常財，∴在其他條件不變下，預期財貨 A 價格將上漲，消費者對財貨 A 現在的需求會增加 ⇒ 需求曲線右移，$P^*↑$ ⇒ 均衡價格 P^* 大於 4。
   C：∵財貨 A 為正常財，∴在其他條件不變下，消費者所得提高時，對財貨 A 的需求會增加 ⇒ 需求曲線右移，$P^*↑$，$Q^*↑$ ⇒ 均衡數量 Q^* 大於 7。
   D：在其他條件不變下，生產技術的進步，會使財貨 A 的供給增加
   ⇒ 供給曲線右移，$P^*↓$，$Q^*↑$ ⇒ 均衡數量 Q^* 大於 7。
12. A：季芬財一定是劣等財，故其 $E_I < 0$。
    B：炫耀財為 $P↑$，$Q_d↑$ 的財貨，違反需求法則，故難以判斷其 E_I 值為何。
13. $E^s = \dfrac{\dfrac{Q_2-Q_1}{(Q_1+Q_2)/2}}{\dfrac{P_2-P_1}{(P_1+P_2)/2}} = \dfrac{\dfrac{500-300}{(300+500)/2}}{\dfrac{70-50}{(50+70)/2}} = \dfrac{\dfrac{200}{400}}{\dfrac{20}{60}} = 1.5$。
19. A：保障收購價格屬於「價格下限」。C：價格下限的價格「高於」市場均衡價格。
    D：戰亂或通貨膨脹時，政府較易採「價格上限」政策。

20. A：P＝150 時，$Q_d=300-0.5\times150=225$，$Q_S=50+0.75\times150=162.5$
    ⇒ 超額需求＝225－162.5＝62.5。
    B：P＝100 時，$Q_d=300-0.5\times100=250$，$Q_S=50+0.75\times100=125$
    ⇒ 超額需求＝250－125＝125。
    C：P＝300 時，$Q_d=300-0.5\times300=150$，$Q_S=50+0.75\times300=275$
    ⇒ 超額供給＝275－150＝125。
    D：均衡時，$Q=300-0.5P=50+0.75P\Rightarrow P^*=200$，$Q^*=200$。

CH3 詳解

2. A：$TU_3=MU_1+MU_2+MU_3=35+27+21=83$。B：$AU_3=\dfrac{TU_3}{Q}=\dfrac{83}{3}=27\dfrac{2}{3}$。

   C：$AU_2=\dfrac{TU_2}{Q}=\dfrac{35+27}{2}=31$。D：$TU_2=MU_1+MU_2=35+27=62$。

8. 由需求函數 Q＝300－20P 可繪製其需求曲線如右圖：

   消費者剩餘＝$\dfrac{1}{2}[(15-10)\times100]=250$。

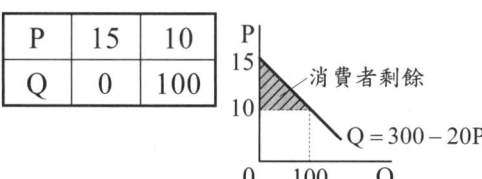

P	15	10
Q	0	100

10. A：財貨的價格是由「邊際效用」大小所決定。B：邊際效用＝0 ⇒ 總效用「最大」。

    C：恩格爾係數＝$\dfrac{\text{糧食支出}}{\text{家庭總所得}}\times100\%\Rightarrow 0.5=\dfrac{160}{\text{家庭總所得}}\times100\%\Rightarrow$ 家庭總所得＝320。

    D：邊際效用隨消費量的增加而「逐漸減少」。

CH4 詳解

5. 當 MP 開始小於 0 時，總產量開始遞減。
7. 第一階段的邊際產量（MP）處於「先上升、後下降」階段。
10.

TP	4	12	21	28	33	36	36	32
L	1	2	3	4	5	6	7	8
AP	4	6	7	7	6.6	6	5.14	4
MP	—	8	9	7	5	3	0	－4

A：勞動量介於「2 到 4」之間時，邊際產量大於平均產量。B：勞動量小於 6 時，邊際產量會持續「下降」。D：勞動量等於「3 或 4」時，平均產量有最大值。

CH5 詳解

4. 會計利潤＝總收益－會計成本＝50,000－45,000＝5,000（元）
   經濟利潤＝總收益－會計成本－內含成本＝50,000－45,000－10,000＝－5,000（元）。
7. A：生產函數是表示「生產要素投入量」與「最大產出量」之間的關係；
   C：經濟利潤等於零僅表示無超額利潤，但尚有正常利潤，廠商並不必然要歇業；
   D：在長期，廠商有足夠的時間來調整生產要素的投入量。
10.

Q	TC	TVC	AVC	AFC	AC	TFC
10	⑦$TC_1=1,300$	⑥$TVC_1=700$	70	④$AFC_1=60$	⑤$AC_1=130$	②600
15	⑪$TC_2=1,500$	900	⑧$AVC_2=60$	⑨$AFC_2=40$	⑩$AC_2=100$	
20	③$TC_3=1,600$	1,000	50	①$AFC_3=30$	80	
25	⑮$TC_4=2,200$	⑫$TVC_4=1,600$	64	⑬$AFC_4=24$	⑭$AC_4=88$	

CH6～9 詳解

1. A：MR＝AR＝LAC「＝」150。B：經濟利潤「等於」零。
   D：LAC「＞」LMC 且經濟利潤「大於」零。
3. 追求最大利潤的廠商，其訂價條件為邊際收入等於邊際成本。
4. 獨占廠商達到短期均衡時，利潤有三種情形：$\pi>0$、$\pi=0$、$\pi<0$。
7. 完全競爭市場的需求線為「負斜率」，個別廠商的需求線為「水平線（P＝AR＝MR＝D）」。
9. 公營獨占事業最常採用「平均成本訂價法（P＝AC）」來決定價格與數量，此時廠商的超額利潤 $\pi=0$，只能賺取正常利潤。此為最公平的訂價方法。

CH10 詳解

3. A：洛倫士曲線愈靠近對角線⇒所得分配愈「平均」。
   B：吉尼係數愈高⇒所得分配愈「不平均」。
   C：最高組所得與最低組所得之倍數下降⇒所得分配愈「平均」。
   D：經濟成長率是測定「經濟成長幅度」的工具，無法判斷所得分配是否平均。
10. A：X 生產力提高⇒廠商對 X 之需求「提高」。B：$VMP_X＝P_A×MP_X＝10×20＝200$。
    C：財貨價格提高⇒廠商對 X 之需求「提高」。
    D：替代性生產要素價格提高⇒廠商對 X 之需求「提高」。

CH11 詳解

1. 物價上漲 40%⇒物價指數＝140
   實質工資＝$\frac{名目工資}{物價指數}×100$⇒2013 年的實質工資＝$\frac{63,000}{140}×100＝45,000$
   45,000－20,000＝25,000（元）。
7. 勞動參與率＝$\frac{就業人口＋失業人口}{15足歲以上民間人口}×100\%＝\frac{810萬＋90萬}{1,200萬}×100\%＝75\%$。
9. 限制最低工資高於均衡工資時，將造成勞動市場「供過於求」。
   15 歲以上，一週內從事 15 小時以上的無酬家屬工作者⇒就業人口。
   勞動生產力＝$\frac{總產量}{勞動投入量}$⇒$8＝\frac{總產量}{400}$⇒總產量＝3,200。
10. 地價＝$\frac{年地租收入}{年利率}＝\frac{20萬×12}{5\%}＝4,800萬$（元）。

CH12 詳解

1. 今年購買財貨的偏好程度較去年低⇒今年要求的利率較去年「低」。
   名目利率＝實質利率＋預期物價上漲率⇒1%＝實質利率＋3%，實質利率＝－2%。
   投機動機的貨幣需求與利率呈「反向」關係。
4. 實質利率＝名目利率－通貨膨脹率⇒名目利率＝實質利率＋通貨膨脹率＝5%＋2%＝7%。
9. A：獨占說。B：風險說。C：剝削說。D：創新說。
10. 實質利率＝名目利率－預期物價上漲率⇒實質利率大於名目利率時，則預期物價上漲率為負。
    地價＝$\frac{年地租}{年利率}$⇒$2,400萬＝\frac{月地租×12}{2\%}$⇒月地租為 4 萬。
    實質利率＝名目利率－預期物價上漲率，名目利率調升 0.5%（2 碼），預期物價上漲率提高 0.5%⇒實質利率「不變」。

CH13 詳解

1. A：GDP＝C＋I＋G＋(X－M)＝500＋300＋200＋(150－50)＝1,100（億）。
   B：I＝固定資本形成毛額＋存貨增量 ⇒ 存貨增量＝300－250＝50（億）⇒ 存貨「增加」50 億。
   C：出口＞進口 ⇒ 有貿易「順差」。D：政府支出「不包含」移轉性支出。
5. D：證券交易的手續費「列入」當年的 GDP。
8. GDP＝C＋I_g＋G＋(X－M)＝580＋920＋400＋(300－360)＝1,840（億元）。

CH14 詳解

1. A：投資係數 $K_I=\dfrac{1}{MPS}=\dfrac{1}{0.2}=5$。

   B：$Y=\dfrac{1}{1-b}(a-bT+I+G) \Rightarrow 520=\dfrac{1}{1-b}(180-20b+30+10) \Rightarrow b=0.6$。

   政府支出乘數 $K_G=\dfrac{1}{1-b}=\dfrac{1}{1-0.6}=2.5$。

   C：$Y=C+I+G=50+0.8(Y-10)+20+10 \Rightarrow Y_e=360<Y_f=400$，

   故存在「緊縮缺口」$=\dfrac{400-360}{1/(1-0.8)}=8$。

   D：$Y_e=800>Y_f=720$，存在膨脹缺口，且產出缺口為 $800-720=80$。

   租稅乘數 $K_T=\dfrac{-0.8}{1-0.8}=-4$；為消除膨脹缺口，需減少產出 80，

   故應增加租稅 $\dfrac{-80}{-4}=20$。

2. $MPS=\dfrac{\Delta S}{\Delta Y_d}=1-MPC \Rightarrow \dfrac{\Delta S}{100}=1-0.75=0.25 \Rightarrow \Delta S=25$。

9. A：$b=0.75 \Rightarrow K=\dfrac{1}{1-b}=\dfrac{1}{1-0.75}=\dfrac{1}{0.25}=4$，

   膨脹缺口 $50=\dfrac{Y_e-100}{4} \Rightarrow Y_e-100=50\times 4=200 \Rightarrow Y_e=200+100=300$。

   B：$b=0.8 \Rightarrow K=\dfrac{1}{1-b}=\dfrac{1}{1-0.8}=\dfrac{1}{0.2}=5$，

   膨脹缺口 $50=\dfrac{Y_e-100}{5} \Rightarrow Y_e-100=50\times 5=250 \Rightarrow Y_e=250+100=350$。

   C：$b=0.75 \Rightarrow K=\dfrac{1}{1-b}=\dfrac{1}{1-0.75}=\dfrac{1}{0.25}=4$，

   緊縮缺口 $10=\dfrac{100-Y_e}{4} \Rightarrow 100-Y_e=10\times 4=40 \Rightarrow Y_e=100-40=60$。

   D：$b=0.8 \Rightarrow K=\dfrac{1}{1-b}=\dfrac{1}{1-0.8}=\dfrac{1}{0.2}=5$，

   緊縮缺口 $10=\dfrac{100-Y_e}{5} \Rightarrow 100-Y_e=10\times 5=50 \Rightarrow Y_e=100-50=50$。

CH15 詳解

1. A：創造的存款貨幣 D＝引申存款 400 萬＋原始存款 100 萬＝500 萬。

   貨幣乘數＝$\dfrac{創造的存款貨幣}{原始存款}$＝$\dfrac{500萬}{100萬}$＝5。

   B：貨幣乘數 K＝$\dfrac{1}{法定準備率}$，法定準備率↓⇒貨幣乘數 K↑。

   C：調整存款準備率（量的控制）並非選擇性信用管制（質的控制）。

   D：保險公司並非貨幣機構。

2. B：交易動機的貨幣需求為「所得」的增函數，與利率無關。

6. 貨幣乘數（K_M）＝$\dfrac{1}{法定存款準備率（R）}$，R↑⇒K_M↓。

   法定存款準備率 R↑⇒貨幣供給量 M^S↓。

9. A：貨幣乘數＝$\dfrac{1}{法定準備率}$＝$\dfrac{1}{5\%}$＝20。B：創造的存款貨幣＝$\dfrac{原始存款}{法定準備率}$＝$\dfrac{100萬}{5\%}$＝2,000 萬。

   C：引申存款＝創造的存款貨幣－原始存款＝2,000 萬－100 萬＝1,900 萬。

   D：法定準備率↑⇒銀行可貸資金↓⇒M^S↓⇒「緊縮性」貨幣政策。

CH16 詳解

1. 財貨具「不可排他性」及「共享性」時，會形成搭便車現象。
4. 造成市場失靈的原因包括：自然獨占、外部性、公共財、資訊不對稱。
7. B：政府課徵奢侈稅，可使所得重分配（將稅收用於社會福利支出，照顧弱勢族群），達到經濟公平的目標。
9. A：布坎南。C：擴張性財政政策。D：貨幣政策。

CH17 詳解

1. 為了避免台幣兌美元持續升值，央行應「買入」美元⇒外匯需求增加
   ⇒外匯需求曲線右移⇒匯率上升。
   進口配額制⇒非關稅型貿易障礙。
   在純粹浮動匯率制度下，匯率水準由外匯市場供需決定，不受央行干預。

2. 乙國在小麥跟布的生產上，產量都比甲國多，皆具有絕對利益。

   小麥：乙國的產量是甲國的 2 倍（＝$\dfrac{2單位}{1單位}$），

   布：乙國的產量是甲國的 $\dfrac{3}{2}$ 倍（＝$\dfrac{3單位}{2單位}$），

   ⇒「乙國」生產小麥的優勢較大，應專業化生產「小麥」；
   「甲國」則應專業化生產「布」。

產量	甲國	乙國
小麥	1	2
布	2	3

5. A：外匯需求↑⇒外匯需求線右移⇒匯率↑（美元升值，台幣貶值）。
   B：原本 1 美元只能兌換 NT$28，現在可兌換 NT$30⇒美元升值，台幣貶值。
   C：外國對本國投資（錢入本國），會使外匯供給增加。
   D：本國人從事必須支付外匯的活動（錢出本國），會使「外匯需求」增加。

6. 根據要素稟賦理論，各國應運用較為「充裕的要素」來生產並出口產品。

   從機會成本的角度來看，當 $\dfrac{X_a}{Y_a} > \dfrac{Y_b}{Y_b}$ 時，A 國生產財貨 X 時有比較利益。

試題答案 143

9. A：甲國生產電腦及成衣的機會成本都比乙國小，根據絕對利益法則，甲國在電腦及成衣的生產上，皆具有絕對利益，這兩種財貨應皆由甲國生產。

   B：根據比較利益法則，因 $\frac{1}{5}$ 倍 $<\frac{1}{3}$ 倍，故甲國生產電腦的優勢較大

   $\Rightarrow$ 甲國應專業化生產電腦，乙國則應專業化生產成衣。

   D：甲國貨幣升值 $\Rightarrow$ 有利進口，不利出口。故甲國會「減少」出口。

10. 日圓升貶值的幅度 $=\frac{110-100}{100}\times100\%=10\%\Rightarrow$ 日圓升值幅度為 10%。

    英鎊升貶值的幅度 $=\dfrac{\dfrac{1}{1.3}-\dfrac{1}{1.25}}{\dfrac{1}{1.25}}\times100\%\doteqdot-3.85\%\Rightarrow$ 英鎊貶值幅度為 3.85%。

    本國幣貶值 $\Rightarrow$「有利」於本國的出口，「不利」於本國的進口。
    央行賣匯 $\Rightarrow$ 增加「外匯供給」$\Rightarrow$ 匯率下降，本國幣升值。

CH18 詳解

5. A：失業率 $=\dfrac{失業人口}{勞動力}\times100\%\Rightarrow$ 勞動力 $=\dfrac{10萬}{5\%}\times100\%=200$ 萬（人）。

   B：勞動力＝就業人口＋失業人口 $\Rightarrow$ 就業人口＝200 萬－10 萬＝190 萬（人）。

   C：痛苦指數＝物價上漲率＋失業率 $\Rightarrow$ 物價上漲率＝8%－5%＝3%。

   D：自然失業率 $=\dfrac{摩擦性失業人口＋結構性失業人口}{勞動力}\times100\%=\dfrac{2萬＋4萬}{200萬}\times100\%=3\%$。

8. 景氣低迷時，應採取「擴張性」經濟政策，如：降低租稅、增加政府支出、降低重貼現率、買入公債、買入外匯、降低法定存款準備率等。

10. A：原物料不足會使總供給「減少」，報復性消費大增會使總需求「增加」。

    B：報復性消費大增會使「總需求」增加，並造成「需求拉動型」物價膨脹。

    C：充分就業時，總供給 AS 為垂直線，總產出不再增加。

CH19 詳解

1. 內生成長理論強調經濟成長的關鍵為「技術（內生變數）的進步」與「人力資本的累積」。

3. B：消費者物價指數（CPI）上升「未必」能促進經濟成長。爬升型（溫和型）物價膨脹，有利於經濟成長；惡性（奔馳型）物價膨脹，不利於經濟成長。

4. A：「馬爾薩斯」提出人口論；人口過度增加，會吞噬經濟成長的結果。

   C：為「高所得國家」。

   D：OECD 將知識分為「know-what、know-why、know-how、know-who」四種類型。

5. C：梭羅認為影響經濟成長之重要因素為「技術的進步」。

9. A：知識具有規模報酬「遞增」的特性。

   B：經濟「成長」可應用生產可能曲線向外移動來表示。

   C：$G_T=\dfrac{Y_t-Y_{t-1}}{Y_{t-1}}\times100\%\Rightarrow5\%\Rightarrow\dfrac{420-Y_{t-1}}{Y_{t-1}}\times100\%\Rightarrow Y_{t-1}=400$（億）。

   D：臺灣在「出口擴張」階段，開始設立加工出口區。

10. 在知識經濟型態下，知識的重要性已凌駕在土地、資本等傳統生產要素之上。

歷屆全真統測試題答案

	第一回		第二回		第三回		第四回		第五回
1	C D B B D	1	A A A D A	1	A C B B C	1	C A C C A	1	C B D A A
6	D A B D B	6	A C A B D	6	D C D A B	6	C A C C D	6	D B B C C
11	D B C A C	11	A D B C C	11	D C A C C	11	C B D D D	11	A A D B C
16	D A C C C	16	B B C A A	16	A D C A B	16	A C C A B	16	D A D B D
21	A A D B A	21	A D D D A	21	D C B A A	21	C D D A B	21	B C A C C

	第六回		第七回		第八回		第九回		第十回
1	D B B B D	1	C C D A D	1	D B C A A	1	D A A B A	1	D A C D C
6	C D D A C	6	D B C D D	6	C C C B A	6	D D C D A	6	B D A D A
11	C C D D C	11	C D D B A	11	A C A B D	11	D D B B C	11	A C B A D
16	D A C B A	16	C D D D A	16	B C D D D	16	B D B D A	16	D C C B C
21	A B A D B	21	A B B B A	21	D A C A D	21	C A D B D	21	A D C A D

	第十一回		第十二回		第十三回		第十四回		第十五回
1	B A B B D	1	D C D B A	1	D A A A B	1	B D A A A	1	C C A D B
6	A D C D D	6	C A C A C	6	D A A A D	6	C D D B A	6	C D A C B
11	D A C D D	11	C C C D A	11	A C B B D	11	C D C B C	11	A D C C C
16	B D B B B	16	B B A D B	16	C D C B B	16	B A C D C	16	B C B A D
21	C C B A D	21	D C A C C	21	D D A B B	21	A C B A B	21	B D C B B

	第十六回		第十七回		第十八回		第十九回		第二十回
1	A C D B A	1	A A B B B	1	D B C D D	1	A A C B D	1	B A B B A
6	D C C C A	6	A C A C D	6	A D C D A	6	D A D D C	6	C D B A B
11	D D A B C	11	A B B C A	11	C A A B C	11	B C B D D	11	D C A A D
16	D B A C C	16	C A A D A	16	C B C D A	16	A B D C B	16	A B A C D
21	A C D C A	21	C D B A C	21	B D B B A	21	B B D A D	21	D B D B C

	第二十一回		第二十二回		第二十三回		第二十四回		第二十五回
1	D A C C B	1	D B D A D	1	C C D C D	1	A C D A D	1	B D C D B
6	C A B C D	6	C D C A B	6	A C D B A	6	B A A A D	6	C B C D D
11	B C D B C	11	D A C C D	11	B C A C B	11	B C D B B	11	A D B D C
16	A B A D D	16	C D A B D	16	B C B D C	16	C B D C B	16	B B C C D
21	D A A C C	21	D B B A D	21	B D A B D	21	B D D C B	21	B B A C B

第一回詳解

4. (1)求出 MU：

數量	1	2	3	4	5	6
MU_X	100	80	70	62	56	52

(2)小美購買 4 單位時：$\dfrac{MU_X}{P_X}=MU_m \Rightarrow \dfrac{62}{P_X}=2 \Rightarrow P_X=31$。

6. 市場均衡時，$Q_d=Q_S \Rightarrow 54-3P=P-10 \Rightarrow P=16$，代入需求或供給函數 $\Rightarrow Q=6$。

   $CS=\dfrac{1}{2}[(54-16)\times 6]=114$，$PS=\dfrac{1}{2}[(16-10)\times 6]=18$。

8. 個別完全競爭廠商面對的需求曲線為水平線 $\Rightarrow E^d=\infty$（完全彈性）。

17. GDP 平減指數$_{2014}=\dfrac{\text{名目 GDP}}{\text{實質 GDP}}\times 100=\dfrac{1\times 14+3\times 25+4\times 30}{1\times 10+3\times 20+4\times 30}\times 100=\dfrac{209}{190}\times 100=110$。

19. $MPS=1-MPC=1-\dfrac{\Delta C}{\Delta Y_d}=1-\dfrac{1,200-800}{2,000-1,000}=0.6$。

25.
2019	150,000	4,500	①85,500	90,000	②60.00%	③5.00%
2020	160,000	8,000	92,000	④100,000	⑤62.50%	⑥8.00%
2021	165,000	⑦10,500	105,000	115,500	⑧70.00%	⑨9.09%

第二回詳解

3. B：劣等財不一定會違反需求法則，故其需求曲線可能為負斜率、亦可能為正斜率。
   C：消費支出占所得的比例愈大，則需求價格彈性愈「大」。
   D：通過原點的正斜率供給曲線，其供給價格彈性必為 1。

7. $\dfrac{MU_A}{P_A}=\dfrac{MU_B}{P_B} \Rightarrow \dfrac{50}{10}=\dfrac{25}{P_B} \Rightarrow P_B=5$。

16. A：緊縮性財政政策 $\Rightarrow$ 改善「物價膨脹」現象。

    B：失業率 $=1-$就業率$=1-\dfrac{\text{就業人口}}{\text{勞動力}}\times 100\% \Rightarrow 5\%=1-\dfrac{95\text{萬}}{\text{勞動力}}\times 100\% \Rightarrow$ 勞動力 $=100$ 萬。

    C：停滯性物價膨脹是指高物價上漲率與「高失業率」同時並存的現象。

    D：痛苦指數 $=$ 物價上漲率 $+$ 失業率 $\Rightarrow 8\%=3\%+$失業率 $\Rightarrow$ 失業率 $=5\%$。

17. B 國在麵包跟飲料的生產上，產量皆較多，故為優勢國。

    麵包：B 國的產量是 A 國的 2 倍（$=\dfrac{300}{150}$），飲料：B 國的產量是 A 國的 1.5 倍（$=\dfrac{450}{300}$），

    $\Rightarrow$ B 國在生產「麵包」方面具有比較利益，應專業化生產麵包；
      A 國則在生產「飲料」方面具有比較利益，應專業化生產飲料
    $\Rightarrow$ B 國應出口麵包、進口飲料；A 國應出口飲料、進口麵包。

19. 實際總需求 $Y_e=5,500>$ 充分就業總需求 $Y_f=5,000 \Rightarrow$ 存在「膨脹缺口」。

    產出缺口 $(\Delta Y)=Y_e-Y_f=5,500-5,000=500$，

    自發性支出乘數 $(K)=\dfrac{1}{1-b}=\dfrac{1}{1-MPC}=\dfrac{1}{1-0.9}=10 \Rightarrow$ 膨脹缺口 $=\dfrac{\text{產出缺口}(\Delta Y)}{\text{乘數}(K)}=\dfrac{500}{10}=50$。

20. $\because P=MC$ 為完全競爭廠商短期均衡的條件，$TR=P\times Q$，

    $\therefore TR=P\times Q=MC\times Q \Rightarrow 2,500,000=250\times Q \Rightarrow Q=10,000$。

25. A：$MRP_L = \dfrac{\Delta TR_X}{\Delta Q} = \dfrac{300-0}{1-0} = 300$（元）。

　　B：第 2 位員工的邊際產量為「8」個產品。
　　C：增加為 3 位時，廠商利潤持續增加，此時會僱用 3 位員工。
　　D：從右表可知，MP 持續遞減，符合邊際報酬遞減法則。

L	0	1	2	3
TP	0	10	18	24
TR_X	0	300	540	720
MP_L	—	10	8	6

第三回詳解

1. A：$\dfrac{MU_原}{P_原} = \dfrac{MU_便}{P_便} \Rightarrow \dfrac{MU_原}{20} = \dfrac{2}{10} \Rightarrow MU_原 = 4 \Rightarrow$ 應購買 3 支原子筆。

　　B：$TU_{原2} = MU_{原1} + MU_{原2} = 8+6 = 14$。

　　C：$TU_{原3} = MU_{原1} + MU_{原2} + MU_{原3} = 8+6+4 = 18$。

　　D：$P_便 \uparrow \Rightarrow \dfrac{MU_便}{P_便} \downarrow \Rightarrow \dfrac{MU_原}{P_原} > \dfrac{MU_便}{P_便}$，此時應多買原子筆。

2. A、C：$E_A^d = \left|\dfrac{-20\%}{10\%}\right| = 2 > 1 \Rightarrow$ 廠商若降價會使總收益增加。

　　B、D：$E_B^d = \left|\dfrac{5\%}{-20\%}\right| = 0.25 < 1 \Rightarrow$ 廠商若漲價會使總收益「增加」。

8. $P = AC(1+r) = 1.2AC$。
　　A：$120 = 1.2AC \Rightarrow AC = 100$。∵ $AC = AFC + AVC$，$AFC > 0$，∴ $AVC < 100$。
　　B：條件不足（僅知 $AFC > 0$，$AVC = 80$），故無法計算 P。
　　D：$P = 1.2 \times 50 = 60$。

9. 在 $P < AVC < AC$ 時，因為虧損＞固定成本，所以廠商該選擇歇業。

14. A：$GDP = C+I+G+(X-M) = 100+70+20+(50-40) = 200$（億元）。
　　B：$GNI = GDP + 國外要素所得淨額 = 200+20 = 220$（億元）。
　　C：$NNI = GNI - 折舊 \Rightarrow 180 = (200+10) - 折舊 \Rightarrow 折舊 = 30$（億元）。
　　D：$NI = GNI - 折舊 - 企業間接稅淨額 = (200+20) - 50 - 10 = 160$（億元）。

15. 實質 GDP $= \sum(P_{基期} \times Q_{當期}) = 25 \times 20,000 + 300 \times 5,500 = 2,150,000$

　　平均每人實質GDP $= \dfrac{實質GDP}{總人口數} = \dfrac{2,150,000}{5,000} = 430$。

19. $\dfrac{10}{10\%} - \dfrac{10}{20\%} = 50$（億元）。

21. A：$E_2 = 120 \Rightarrow$ 匯率上升 $\Rightarrow$ 日圓「貶值」、美元升值。
　　B：$E_2 = 110 \Rightarrow$ 匯率下降 $\Rightarrow$ 日圓升值、美元「貶值」。
　　C：在其他條件不變且市場上之美元需求增加 $\Rightarrow$ 美元需求曲線右移 $\Rightarrow$ 匯率上升
　　　　$\Rightarrow$ 美元升值 $\Rightarrow$「不利」於美國的出口。
　　D：在其他條件不變且市場上之美元供給增加 $\Rightarrow$ 美元供給曲線右移 $\Rightarrow$ 匯率下降
　　　　$\Rightarrow$ 日圓「升值」。

23. A：失業率 $= \dfrac{失業人口}{勞動力} \times 100\% \Rightarrow 10\% = \dfrac{失業人口}{90萬+失業人口} \times 100\% \Rightarrow$ 失業人口 $= 10$ 萬（人）。

　　B：失業率 $= \dfrac{失業人口}{勞動力} \times 100\% = \dfrac{50萬-45萬}{50萬} \times 100\% = 10\%$。

　　C：初次找工作的過程中，因就業訊息不完全所造成的失業 $\Rightarrow$ 摩擦性失業。
　　D：因景氣循環所造成的失業 $\Rightarrow$ 循環性失業。

第四回詳解

3. A：2009 年之物價膨脹率 $=\dfrac{110-105}{105}\times 100\%\cong 4.76\%$。

   B：2008 年之實質 GDP $=\dfrac{2,100}{105}\times 100=2,000$。

   C：2008 年之實質 GDP $=\dfrac{2,420}{110}\times 100=2,200$。

   D：2009 年之經濟成長率 $=\dfrac{2,200-2,000}{2,000}\times 100\%=10\%$。

6. A：實質 GDP $=\dfrac{名目\,GDP}{物價指數}\times 100 \Rightarrow 200\,億=\dfrac{210\,億}{物價指數}\times 100 \Rightarrow$ 物價指數 $=105$。

   B：計算 GDP 時必須以最終產品於勞務的市場價格來計算，以免重複計算。

   D：國外要素所得淨額＝GNI－GDP。

11. $MPC=\dfrac{\Delta C}{\Delta Y}\Rightarrow \Delta C=\Delta Y\times MPC\Rightarrow \Delta C=(550\,億-500\,億)\times 0.6=30\,億（元）$。

12. | P | 25 | 15 |
    |-----|----|----|
    | Q_d | 0 | 40 |

    $\Rightarrow$ 消費者剩餘 $=\dfrac{1}{2}[(25-15)\times 40]=200$（元）。

13. A：美元可兌換的日圓變多 $\Rightarrow$ 美元「升值」，日圓貶值。
    B：歐元可兌換的美元變少 $\Rightarrow$ 歐元貶值，美元「升值」。
    C：英鎊可兌換的新台幣變少 $\Rightarrow$ 英鎊貶值，新台幣「升值」。
    D：英鎊可兌換的歐元變多 $\Rightarrow$ 英鎊升值，歐元「貶值」。

15. ①：消費者沒有能力（沒有錢）。④：消費者沒有意願（不喜歡鑽石）。
    ①、④違反有效需求的定義，故不屬於有效需求。

19. A：MR＝MC＝6 落在邊際收益缺口處 $\Rightarrow P=10$、$Q=300$，$TR=10\times 300=3,000$。
    B：MR＝MC＝8 時，對應至 D_1，則 $Q<300$。
    C：MR＝MC＝5.5 落在邊際收益缺口處 $\Rightarrow P=10$。
    D：$E^{D2}<E^{D1}$。

21. A、B、C 三點皆位於 PPC 線上，表示皆達充分就業，資源與生產技術皆已充分利用，所以資源使用效率 A＝B＝C。
    就 X 軸而言，多生產一單位 X 的機會成本遞增（C＞B＞A）。
    就 Y 軸而言，多生產一單位 Y 的機會成本遞增（A＞B＞C）。

24. B：屬「落後指標」。C：痛苦指數＝物價上漲率＋失業率。D：為「循環性失業」。

25. A：$TR=1,000\times Q$。
    B：$P=AR=MR=D=1,000$。
    C：AR 為水平直線。
    D：$TR=1,000\times 10=10,000$。

第五回詳解

14. 洛倫士曲線為對角線 $\Rightarrow$ 所得分配「絕對平均」$\Rightarrow$ 吉尼係數＝0
    $\Rightarrow$ 最高與最低所得組倍數 $=\dfrac{最高所得組所得占全國所得的百分比}{最低所得組所得占全國所得的百分比}=\dfrac{20\%}{20\%}=1$。

15. 以 2009 年為基期，
    2009 年名目 GDP＝實質 GDP $=15\times 100+20\times 150+30\times 50=6,000$（元）。
    2010 年名目 GDP $=20\times 120+20\times 100+35\times 100=7,900$（元）。
    2010 年實質 GDP $=15\times 120+20\times 100+30\times 100=6,800$（元）。

17. MPS＝1－MPC＝1－0.75＝0.25。$K_I=\dfrac{1}{MPS}=\dfrac{1}{0.25}=4$。

$K_C=\dfrac{\Delta Y}{\Delta C}=\dfrac{1}{MPS} \Rightarrow \dfrac{\Delta Y}{5}=\dfrac{1}{0.25}=4 \Rightarrow \Delta Y=20$（億元）。

第六回詳解

1. A：$E^S=\dfrac{\Delta Q}{\Delta P}\times\dfrac{P_1+P_2}{Q_1+Q_2}=\dfrac{11-10}{120-80}\times\dfrac{80+120}{10+11}=\dfrac{5}{21}<1 \Rightarrow$ 與橫軸相交。

    B：$P_X\uparrow$，$D_Y\uparrow \Rightarrow$ X與Y互為「需求」上的替代品。

    C：降價前，TR＝20×50＝1,000 ｝「降價」可增加收入。
    　　降價後，TR＝15×80＝1,200

    D：不論價格如何變動，消費金額固定 $\Rightarrow E_d=1$。

12. $MPP_X=6$，$MPP_Y=4$；$P_X=18$，$P_Y=12$。

    廠商投入多種要素達到利潤最大的條件：

    $\dfrac{MRP_X}{P_X}=\dfrac{MRP_Y}{P_Y}=1 \Rightarrow \dfrac{MPP_X\times MR_A}{P_X}=\dfrac{MPP_Y\times MR_A}{P_Y}=1$

    $\Rightarrow \dfrac{6\times MR_A}{18}=\dfrac{4\times MR_A}{12}=1 \Rightarrow \dfrac{1}{3}MR_A=\dfrac{1}{3}MR_A=1 \Rightarrow MR_A=3$

    產品市場為完全競爭市場 $\Rightarrow P_A=MR_A=3$（元）。

13. 地價＝$\dfrac{\text{年地租收入}}{\text{年利率}}=\dfrac{5\text{萬}\times 12}{2\%}=3{,}000$ 萬（元）。

15. GDP＝C＋I＋G＋(X－M)＝200＋150＋100＋100＝550。

    GNI＝GDP＋國外要素所得淨額＝550＋50＝600。

    NNI＝GNI－折舊＝600－100＝500。

    NI＝NNI－間接稅＋補貼＝500－50＋50＝500。

18. C＝100＋0.8×1,000＝900。S＝Y－C＝1,000－900＝100。

第七回詳解

10. 將甲、乙市場需求彈性帶入第三級差別訂價公式，

    $P_甲(1-\dfrac{1}{|E^d_甲|})=P_乙(1-\dfrac{1}{|E^d_乙|}) \Rightarrow P_甲(1-\dfrac{1}{|2|})=P_乙(1-\dfrac{1}{|5|}) \Rightarrow \dfrac{1}{2}P_甲=\dfrac{4}{5}P_乙 \Rightarrow P_甲:P_乙=8:5$

    $\Rightarrow$ 甲市場訂價160元、乙市場訂價100元符合上述比例，最可能是獨占廠商的訂價。

14. B：儲蓄增加 $\Rightarrow$ 儲蓄曲線右移 $\Rightarrow$ 均衡利率下跌。

17. $Y=C+I+G=100+0.8(Y-50)+40+60 \Rightarrow Y_e=800$

    $Y_e=800<Y_f=1{,}000 \Rightarrow$ 存在緊縮缺口

    產出缺口（ΔY）＝$Y_f-Y_e=1{,}000-800=200$，自發性支出乘數 $K=\dfrac{1}{1-b}=\dfrac{1}{1-0.8}=5$。

    緊縮缺口＝$\dfrac{\text{產出缺口}}{\text{乘數}}=\dfrac{200}{5}=40$。在無貿易部門、採定額稅制下，平衡預算乘數 $K_b=1$。

第八回詳解

2. A：$P=10 \Rightarrow Q=100-2\times10=80$。A 為正常財，所得↑$\Rightarrow$需求↑$\Rightarrow Q>80$。
   B：$P=20 \Rightarrow Q=100-2\times20=60$。A 之替代品價格↑$\Rightarrow$A 之需求↑$\Rightarrow Q>60$。
   C：$P=30 \Rightarrow Q=100-2\times30=40$。預期未來價格↑$\Rightarrow$需求↑$\Rightarrow Q>40$。
   D：$P=25 \Rightarrow Q=100-2\times25=50$。A 為劣等財，所得↑$\Rightarrow$需求↓$\Rightarrow Q<50$。

3. A：$CS=\frac{1}{2}[(30-15)\times10]=75$。B：$PS=\frac{1}{2}[(20-0)\times12]=120$。
   C：任何通過原點之直線型供給曲線，線上任一點的 E^S 均等於 1。
   D：預期未來價格上漲 $\Rightarrow$ 需求曲線右移、供給曲線左移 $\Rightarrow P^*$ 上漲，Q^* 增減不一定。

5. (1)計算 MU/P 如下表：

Q＼MU/P	1	2	3	4	5	6	7	8	9	10	11
MU_x/P_x	8	7	5.5	5	4.5	④	3.5	3	2.5	1.5	0.5
MU_y/P_y	7.5	6.5	6	④	3	2.5	2	1.5	1	0.5	7.5

   (2)應購買「X 財 6 個，Y 財 4 個」，此時 $\frac{MU_x}{P_x}=\frac{MU_y}{P_y}=4$。
   (3)消費支出 $=2\times6+2\times4=20$。
   (4)總效用 $TU=(16+14+11+10+9+8)+(15+13+12+8)=116$。

18. $Y=C+I=100+0.6Y+150 \Rightarrow 0.4Y=250 \Rightarrow Y_e=625$；
    自發性支出乘數 $K=\frac{1}{1-b}=\frac{1}{1-0.6}=2.5$，
    緊縮缺口$=\frac{產出缺口}{乘數} \Rightarrow 100=\frac{產出缺口}{2.5} \Rightarrow$ 產出缺口$=250$，
    產出缺口＝充分就業所得水準 Y_f－實際均衡所得水準 $Y_e \Rightarrow 250=Y_f-625 \Rightarrow Y_f=875$。

25. $1{,}000 萬 \times(3\times0.25\%)=7.5$ 萬。
    名目利率＝實質利率＋預期物價上漲率，
    $1\%=$實質利率$+2\% \Rightarrow$實質利率$=-1\%$ ⎫
    $2\%=$實質利率$+1\% \Rightarrow$實質利率$=1\%$ ⎭ 實質利率增加 2%。

第九回詳解

14. 企業的附加價值$=\Sigma($企業的產值－企業的中間投入成本$)$
    $=(1{,}000 萬+400 萬)-100 萬=1{,}300 萬$（元）。

21. 1991 年的實質 $GDP=\frac{460}{1.1}\doteqdot418$，實際經濟成長率$=\frac{418-400}{400}\times100\%\doteqdot4.5\%$。

24. A：$K_G=\frac{1}{1-b}=\frac{1}{1-0.6}=2.5$，$2.5=\frac{\Delta Y}{\Delta G}=\frac{\Delta Y}{(250-200)} \Rightarrow \Delta Y=125$。
    B：$K=\frac{1}{1-b}=\frac{1}{1-0.6}=2.5$，膨脹缺口 $20=\frac{產出缺口 \Delta Y}{K}=\frac{\Delta Y}{2.5} \Rightarrow \Delta Y=50$。
    C：$Y=100+0.6(Y-50)+50+200 \Rightarrow Y=800$。
    D：自發性消費$=100$。

25. 由於僅有一種變動生產要素 L，而 L＝1 時，TVC＝1,000，
    故 L＝2 時，TVC＝1,000×2＝2,000，L＝3 時，TVC＝1,000×3＝3,000…依此類推。
    X_1＝TFC＝4,000。X_2＝1,000×4＝4,000。
    X_3＝TFC＋TVC＝4,000＋0＝4,000。
    X_4＝TFC＋TVC＝4,000＋1,000×6＝10,000。
    $X_5 = \frac{TFC+TVC}{Q} = \frac{4,000+1,000}{100} = 50$。$X_6 = \frac{TVC}{Q} = \frac{1,000 \times 2}{250} = 8$。
    $X_7 = \frac{\Delta TVC}{\Delta Q} = \frac{1,000 \times 5 - 1,000 \times 4}{660 - 580} = 12.5$。

    MC 最低點對應 MP 最高點。由下表可知，當 L＝3 時，MP 最大，此時產量為 420。

Q	L	MP
0	0	—
100	1	(100−0)÷(1−0)＝100
250	2	(250−100)÷(2−1)＝150
420	3	(420−250)÷(3−2)＝[170]
580	4	(580−420)÷(4−3)＝160
660	5	(660−580)÷(5−4)＝80
720	6	(720−660)÷(6−5)＝60

第十回詳解

7. A、D：價格上限⇒造成超額需求 CD。
    B：(1) 若無價格上限：
        社會福利＝CS＋PS＝GBP_2＋P_2BE＝GBE。
       (2) 有價格上限：
        社會福利＝CS＋PS＝$GFCP_1$＋P_1CE＝GFCE。
        ⇒社會淨福利損失＝GBE−GFCE＝FBC。
    C：(1) 若無價格上限：PS＝P_2BE。
       (2) 有價格上限：PS＝P_1CE。
        ⇒PS 減少區塊＝P_2BE−P_1CE＝P_2BCP_2。

8. P＝25 元⇒$Q = \frac{400萬元}{25元} = 16$ 萬單位。

    P＝20 元⇒$Q = \frac{500萬元}{20元} = 25$ 萬單位。$E^d = \left|\frac{\frac{Q_2-Q_1}{(Q_1+Q_2)/2}}{\frac{P_2-P_1}{(P_1+P_2)/2}}\right| = \left|\frac{\frac{25-16}{(16+25)/2}}{\frac{20-25}{(25+20)/2}}\right| = \left|\frac{\frac{9}{41}}{\frac{-5}{45}}\right| = \frac{81}{41}$。

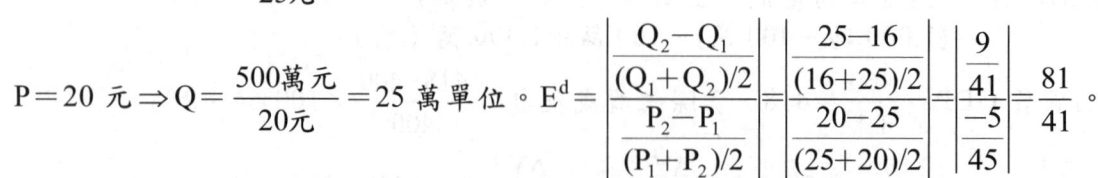

11. B：邊際收益為「總收益的變動量 ΔTR」除以「產品銷售量的變動量 ΔQ」。
    C：獨占性競爭廠商生產的產品具有「異質性」。
    D：完全競爭廠商的總收益線為「正斜率」。

12. C＝1,000＋0.25Y_d＝1,000＋0.25×1,600＝1,400。
    APC＝$\frac{C}{Y_d} = \frac{1,400}{1,600} = 0.875$，MPC＝b＝0.25。

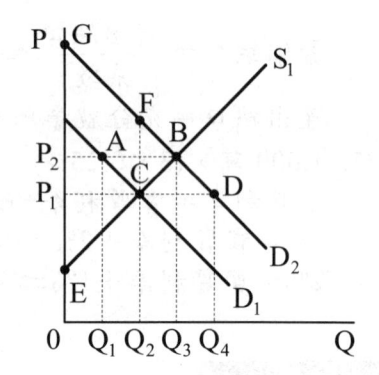

第十一回詳解

8. A、C：完全競爭市場 $P=AR=MR=70$。
   $AR=70>AC=50 \Rightarrow \pi>0$，廠商有超額利潤，不會退出市場。
   B：$AC=AVC+AFC \Rightarrow AC>AVC$　$AC=50 \Rightarrow AVC<50$。
   D：$TC=AC \times Q=50 \times 120=6,000$。

第十二回詳解

4. $E^d = \left|\dfrac{\dfrac{Q_2-Q_1}{(Q_1+Q_2)/2}}{\dfrac{P_2-P_1}{(P_1+P_2)/2}}\right| = \left|\dfrac{\dfrac{Q_2-50}{50+Q_2}}{\dfrac{90-80}{80+90}}\right| = \dfrac{17}{9} \Rightarrow \dfrac{\dfrac{Q_2-50}{50+Q_2}}{\dfrac{90-80}{80+90}} = -\dfrac{17}{9} \Rightarrow Q_2=40$。

5. 甲：需求所得彈性<0 ⇒「劣等財」。
   乙：$\dfrac{MU_A}{P_A}=\dfrac{40}{5}=8 > \dfrac{MU_B}{P_B}=\dfrac{24}{6}=4$，應增加 A 的消費。
   丙：市場的需求線為水平線，則不論供給如何變動，消費者剩餘均為 0。
   丁：所得增加 ⇒ 需求線右移 ⇒ 均衡數量及均衡價格均增加 ⇒ 社會福利 CS+PS 增加。

7. $MP=0$ 時 TP 最大，$MP_L=24+10L-L^2=0 \Rightarrow (L-12)(L+2)=0 \Rightarrow L=12$。

19. A：$Y=C+I+G=500+0.5(Y-200)+500+100=1,000+0.5Y \Rightarrow Y^*=2,000$。
    B：$K=\dfrac{1}{1-b}=\dfrac{1}{1-0.5}=2$。
    C：實際均衡所得 2,000＞充分就業下的均衡所得 1,000 ⇒ 產生膨脹缺口
    　　膨脹缺口 $=\dfrac{\Delta Y}{K}=\dfrac{2,000-1,000}{2}=500$。
    D：$\Delta Y=\Delta G \times K=100 \times 2=200$。

22. ①：台幣「貶值」。
    ②：國際貿易持續順差 ⇒ 外匯供給＞外匯需求 ⇒ 匯率↓ ⇒ 台幣升值。
    ③：台幣升值 ⇒ 出口價格↑ ⇒ 以台幣報價的產品在美國的售價↑。
    ④：外匯需求↑，應設法「增加」外匯供給，避免本國貨幣貶值。

25. A：應根據投資邊際效率及利率來選擇。
    B、C：投資的預期報酬率即投資邊際效率 MEI，
    　　$MEI_E=\dfrac{R}{C}-1=\dfrac{55萬}{50萬}-1=0.1$，$MEI_F=\dfrac{R}{C}-1=\dfrac{112萬}{100萬}-1=0.12 \Rightarrow$ 方案 F 較高。
    D：市場利率 15%高於 E、F 兩個方案 ⇒ 兩方案都「不值得」投資。

第十三回詳解

7. 所得↑ ⇒ 需求↑（D 線右移）
   生產技術進步 ⇒ 供給↑（S 線右移）　$\Big\}$ $Q^*\uparrow$，P^* 漲跌不一定

18. C：APS 隨所得增加而「增加」。

第十四回詳解

5. 將 A、B 點代入 P＝a＋b×Q 中，可得需求函數 Q＝20－P。
   A：P＝10，位於中點，故 E^d＝1。
   B：C 點處於 E^d＞1 階段 ⇒「降價」可以增加總收益。C：$CS=\frac{1}{2}(10\times10)=50$。
   D：預期未來價格上漲 ⇒ S↓、D↑ ⇒ 均衡價格下跌，均衡數量增減不一定。
10. A：MPC＋MPS＝1，APC＋APS＝1 ⇒ MPC＋MPS＝APC＋APS＝1。
13. 完全競爭廠商 AR＝MR，由圖形可知在 MR＝MC 的均衡產量為 40，
    該均衡產量下的 AC＝7、AR＝10，所以廠商的利潤為 40×(10－7)＝120。

第十五回詳解

4. A：$\frac{MU_X}{P_X}=\frac{MU_Y}{P_Y} \Rightarrow \frac{36}{6}=\frac{MU_Y}{2}$，$MU_Y$＝12。∵$Q_Y$＝1，∴$TU_Y$＝12。

   B：$\frac{36}{9}=\frac{16}{P_Y}$，$P_Y$＝4。消費支出總計＝9×4＋4＝40。

   C：$\frac{36}{4}=\frac{MU_Y}{6}$，$MU_Y$＝54。$TU_X+TU_Y$＝252＋54＝306。

   D：$\frac{36}{3}=\frac{60}{P_Y}$，$P_Y$＝5。

6. A：Y＝C＋I＋G＝10＋0.8(Y－20)＋40＋50 ⇒ 0.2Y＝84 ⇒ Y_e＝420。
   B：C＝10＋0.8(420－20)＝330。
   C：S＝－10＋0.2(Y－T) ⇒ S＝－10＋0.2(420－20)＝70。
   D：$K_G=\frac{1}{1-b}=\frac{1}{1-0.8}=5$。

23. 該生出國遊學而未積極找工作，應屬於「非勞動力」。
    若 A 公司之勞動生產力為 120，「總產量」為 4,800，則勞動投入量為 40。
    工資率 W↑，使個別勞工的勞動時數↑ ⇒ 替代效果＞「所得效果」。

24. P^*：$Q_d=Q_S \Rightarrow \frac{150-P}{3}=\frac{P-50}{2} \Rightarrow 300-2P=3P-150 \Rightarrow 5P=450 \Rightarrow P=90$。

    Q^*：將 P^*＝90 代入 $Q_d=\frac{150-P}{3}$ 式中 ⇒ Q＝20。

    $CS=\frac{1}{2}[(150-90)\times20]=600$，$PS=\frac{1}{2}[(90-50)\times20]=400$

    將 P＝70 代入 $Q_S=\frac{P-50}{2}$ 式中 ⇒ Q_S＝10。

25. A：$AP_L>MP_L>0$。
    C：TP 以「遞減」速度上升。
    D：MP_L 處於「遞減」狀態。

第十六回詳解

3. $E^d = \left|\dfrac{\frac{\Delta Q}{Q_1}}{\frac{\Delta P}{P_1}}\right| = \left|\dfrac{25\%}{\frac{20-25}{25}}\right| = 1.25$。

13. 勞動供給具完全彈性（$E^S = \infty$），S_L 線為水平線。
    當以自動櫃員機代替人工，則勞動需求減少（D_L 線左移），致使均衡工資率不變，均衡員工僱用量減少。

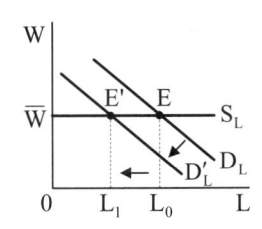

14. A：本利和 $= 10{,}000 \times (1+1.5\%) = 10{,}150$（元）。
    B、C：名目利率＝實質利率＋物價上漲率 $\Rightarrow 1.5\% =$ 實質利率 $+ 3.5\% \Rightarrow$ 實質利率 $= -2\%$。
    D：實質貨幣購買力 $= \dfrac{1}{物價水準}$。$10{,}150 \times \dfrac{1}{1+3.5\%} \approx 9{,}807$（元）。

16. A：$AVC_1 = TVC_1 \div Q = 5{,}000 \div 50 = 100$。$TC_2 = ATC \times Q = 100 \times 100 = 10{,}000$。
    $AVC_3 = TVC \div Q = 15{,}000 \div 200 = 75$。
    B：$TVC_1 = TC - TFC = 7{,}000 - 40 \times 50 = 7{,}000 - 2{,}000 = 5{,}000$。
    $AFC_2 = TFC \div Q = 2{,}000 \div 100 = 20$。
    $ATC_3 = TC_3 \div Q = (TVC + TFC) \div Q = (15{,}000 + 2{,}000) \div 200 = 85$。
    C：總收益 $TR = P \times Q = 110 \times 100 = 11{,}000$。
    經濟利潤 $= TR -$ 經濟成本 $= 11{,}000 - 10{,}000 = 1{,}000$。
    D：會計利潤 $=$ 總收益 $-$ 會計成本 $= TR - ($經濟成本 $-$ 內含成本$)$
    $500 = 80 \times 200 - (17{,}000 -$ 內含成本$) \Rightarrow$ 內含成本 $= 1{,}500$。

18. $Y = C + I + G = 400 + 0.75(Y-100) + 200 + 100 \Rightarrow Y_e = 2{,}500$
    自發性支出乘數 $K = \dfrac{\Delta Y}{\Delta 自發性支出} = \dfrac{1}{1-b} \Rightarrow K = \dfrac{3{,}500 - 2{,}500}{\Delta 自發性支出} = \dfrac{1}{1-0.75} = 4$
    $\Rightarrow \Delta$ 自發性支出 $= 250$。

第十七回詳解

4. A：$MRT_{XY} = \left|\dfrac{\Delta Y}{\Delta X}\right| = \left|\dfrac{5-8}{4-3}\right| = 3$。
    B：在 PPC 上的每一點，都是最大產量的組合。
    C：隨著 X 財的增加，放棄的 Y 財會越來越多。
    $\because$ D 點到 E 點的 $MRT_{XY} = 3$，$\therefore$ C 到 D 點的 $MRT_{XY} < 3$。
    D：H 點在 PPC 之內 $\Rightarrow$ 資源或技術未充分利用，其生產效率必較 PPC 上的任一點低。

7. A、D：完全競爭廠商短期均衡條件 $MR = MC$，
    市場均衡價格 $P = MR = MC = 4$，代入 $Q = 10 - P \Rightarrow Q = 6$。
    B：無法求出生產者剩餘。C：消費者剩餘 $= \dfrac{1}{2} \times (10-4) \times 6 = 18$。

16. A：$Y = C + I + G = 40 + 0.8(Y-10) + 20 + 10 \Rightarrow 0.2Y = 62 \Rightarrow Y_e = 310$。
    B：$K_I = \dfrac{1}{1-b} = \dfrac{1}{1-0.8} = 5$。C：$K_T = \dfrac{-b}{1-b} = \dfrac{-0.8}{1-0.8} = -4$。

第十八回詳解

2. $E^s = \dfrac{\dfrac{Q_2-Q_1}{(Q_1+Q_2)/2}}{\dfrac{P_2-P_1}{(P_1+P_2)/2}} = \dfrac{\dfrac{500-300}{(300+500)/2}}{\dfrac{70-50}{(50+70)/2}} = \dfrac{\dfrac{200}{400}}{\dfrac{20}{60}} = 1.5$。

7. 名目工資是以「貨幣數量」表示之工資。

   實質工資 $= \dfrac{\text{名目工資}}{\text{物價指數}} \times 100 \Rightarrow$ 名目工資↑、物價指數↓ ⇒ 實質工資↑。

   勞動生產力等於「平均產量」。

25. 甲國的最高最低所得倍數 $= \dfrac{23\%}{12\%} \fallingdotseq 1.917$

    乙國的最高最低所得倍數 $= \dfrac{35\%}{8\%} = 4.375$ } 甲國之所得分配較乙國為平均。

    由上可推得，甲國之吉尼係數應較乙國小。

第十九回詳解

1. 若選擇固定利率，則全年領取之利息為：100 萬 × 1.44% ＝ 14,400（元）。

   若選擇機動利率，則全年領取之利息為：

   $\dfrac{100\text{萬} \times 1.45\%}{12} \times 3 + \dfrac{100\text{萬} \times 1.42\%}{12} \times 9 = 14,275$（元）。

   故選擇機動利率全年領取之利息與選擇固定利率之差額為：14,275 － 14,400 ＝ －125（元）。

11. $Y = C + I = 30 + 0.75Y + 20 \Rightarrow Y_e = 200$。$Y_e = 200 < Y_f = 300 \Rightarrow$ 存在緊縮缺口。

    產出缺口 $(\Delta Y) = Y_f - Y_e = 300 - 200 = 100$。

    自發性支出乘數 $K = \dfrac{1}{1-b} = \dfrac{1}{1-0.75} = 4$。緊縮缺口 $= \dfrac{\text{產出缺口}}{\text{乘數}} = \dfrac{100}{4} = 25$。

第二十回詳解

10. 計算保留土地的機會成本，應比較每年租金收入與利息收入之高低（放棄其他用途中，價值最高者為其機會成本）。

    租金收入 ＝ $8,000，利息收入 ＝ $75,000 × 15% ＝ $11,250，$11,250 > $8,000，

    所以每年保留土地的機會成本為 $11,250。

16. ③：E^s 大 ⇒ 經濟租小。經濟租與 E^s 呈「反向」變動。

    ④：就「個人」觀點，地租是「成本」；就「社會」觀點，地租是「剩餘」。

21. $C = 100 + 0.8Y$。收支平衡時，$Y = C \Rightarrow Y = 100 + 0.8Y \Rightarrow Y = 500$。

第二十一回詳解

12. $P_{\text{早鳥}} = 3,000 \times 50\% = 1,500$。$MR_{\text{早鳥}} = MR_{\text{一般}} = MC = 900$

    $MR = P \times (1 - \dfrac{1}{E^d}) \Rightarrow 900 = 1,500 \times (1 - \dfrac{1}{E^d}) \Rightarrow E^d = 2.5$。

20. $K_I = \dfrac{\Delta Y}{\Delta I} = \dfrac{1}{1-b} = \dfrac{1}{1-MPC} = \dfrac{1}{MPS} \Rightarrow K_I = \dfrac{30}{3} = \dfrac{1}{MPS} \Rightarrow MPS = 0.1$。

24. A：發生通貨膨脹時，政府應採「緊縮性政策」來因應，如「調高」重貼現率。
    B：會造成經濟活絡的現象。
    D：未充分就業時，總產出會增加；已充分就業時，總產出不變。

25. 根據 $Q_S=P$，$Q^*=5$ 時，$P^*=5$，代回 $Q_d=a-P$ 可得 $a=10$。
    A、B：$CS=\frac{1}{2}(5\times 5)=12.5$。$PS=\frac{1}{2}(5\times 5)=12.5 \Rightarrow PS=CS$。
    C：價格下限價格為 $6>P^*=5 \Rightarrow$ 會造成供過於求。
    D：均衡時供給價格彈性 $=b\times\frac{P^*}{Q^*}=1\times\frac{5}{5}=1$。

第二十二回詳解

1. 創造的存款貨幣 $=$ 原始存款 $\times \frac{1}{\text{法定準備率R}}=$ 原始存款 $\times$ 貨幣乘數 K_M。

    $20,000,000=1,000,000\times\frac{1}{R} \Rightarrow R=5\%$。

    $20,000,000=X\times 10 \Rightarrow X=2,000,000$；

    貨幣乘數 $K_M=\frac{1}{R} \Rightarrow 10=\frac{1}{R} \Rightarrow R=10\%$，$Y=2,000,000\times 10\%=200,000$。

    $20,000,000=X\times\frac{1}{20\%} \Rightarrow X=4,000,000$，

    引申存款 $=$ 創造的存款貨幣 $-$ 原始存款 $=20,000,000-4,000,000=16,000,000$。

    法定準備率 $=\frac{\text{法定準備金}}{\text{存款總額}}\times 100\%=\frac{200,000}{X}\times 100\%$，

    $20,000,000=X\times\frac{1}{\frac{200,000}{X}\times 100\%} \Rightarrow X=2,000,000$。

12. ②：當 $\frac{MRP_a}{P_a}=\frac{MRP_b}{P_b}=1$ 成立時，廠商的利潤達到最大。
    ③：要素 a 的僱用量決定於 $P_a=MRP_a$。

18. $Q=10$ 時，$STC=100+10\times 10^2=1,100$，$SAC=\frac{1,100}{10}=110$。

    $Q=0$ 時，代入短期總成本函數可得 $TFC=100$，

    $AVC=\frac{TVC}{Q}=\frac{STC-TFC}{Q}=\frac{1,100-100}{10}=100$。$AFC=\frac{100}{10}=10$。

21. A、B：$Y=C+I+G=40+0.8(Y-10)+20+10 \Rightarrow Y_e=310$。
    $Y_e=310>Y_f=300 \Rightarrow$ 存在膨脹缺口。產出缺口（ΔY）$=Y_e-Y_f=310-300=10$（億元）。
    自發性支出乘數 $K=\frac{1}{1-b}=\frac{1}{1-0.8}=5$。膨脹缺口 $=\frac{\text{產出缺口}}{\text{乘數}}=\frac{10}{5}=2$（億元）。
    C：$K_I=\frac{1}{1-b}=\frac{1}{1-0.8}=5$。

25. 中古車的交易金額不計入 GDP。地下經濟無法顯現於 GDP 之中。
    月薪從 6 萬調降為 3 萬，則當年度 GDP 會較前一年度減少 3 萬 $\times 12$ 個月 $=36$ 萬。
    GDP 平減指數 $=\frac{\text{名目GDP}}{\text{實質GDP}}\times 100=\frac{\sum P_{\text{當期}}\times Q_{\text{當期}}}{\sum P_{\text{基期}}\times Q_{\text{當期}}}\times 100$，

    第 2 年 GDP 平減指數 $=\frac{3\times 80+12\times 60}{2.5\times 80+10\times 60}\times 100=120$。

第二十三回詳解

1. A：若採「第一級」差別訂價，會使 CS＝0。
   B：第三級差別訂價會較第一級差別訂價剝奪「較少」的 CS。
   C：$P_a(1-\frac{1}{2})=P_b(1-\frac{1}{4}) \Rightarrow P_a=1.5P_b$。D：$MR_a=MR_b$。

8. A：儲蓄曲線之斜率＝MPS＝0.25。B：C＝150＋0.75Y。
   C：$\Delta Y=100 \Rightarrow \Delta C=0.75 \times 100=75$。
   D：$Y=1,000 \Rightarrow C=150+0.75 \times 1,000=900$。$APC=\frac{C}{Y}=\frac{900}{1,000}=0.9$。

16. 利潤最大條件：MR＝MC，
    $4.5=P_甲(1-\frac{1}{|-4|})=P_乙 \times (1-\frac{1}{|-2|}) \Rightarrow P_甲=6$，$P_乙=9$，故乙市場應該降低價格。

17. 軍公教人員退休年金屬於「政府移轉性支出」。
    GDP＝C＋I＋G＋(X－M)＝5,000 億＋(2,000 億＋600 億)＋2,000 億＋500 億＝10,100 億（元）。
    GNI＝GDP＋國外要素所得淨額＝10,100 億＋(－400 億)＝9,700 億（元）。
    淨出口＞0 ⇒ 貿易順差 ⇒ 貿易「出超」國。

19. $450-2P=50+3P \Rightarrow P^*=80$。A、B、C 的價格皆高於 80，為價格「下限」。
    D：$Q^d=450-2 \times 75=300$，$Q^S=50+3 \times 75=275$，超額需求＝300－275＝25。

25. A：投資乘數與邊際消費傾向呈「同向」變動。
    B：政府支出乘數等於「邊際儲蓄傾向」的倒數。
    C：政府租稅乘數等於「負的邊際消費傾向」除以「邊際儲蓄傾向」。

第二十四回詳解

8.

年度	15歲以上民間人口	失業人口	就業人口	勞動力	勞動參與率	失業率
2019	150,000	4,500	①85,500	90,000	②60.00%	③5.00%
2020	160,000	8,000	92,000	④100,000	⑤62.50%	⑥8.00%
2021	165,000	⑦10,500	105,000	115,500	⑧70.00%	⑨9.09%

10. 完全競爭廠商 P＝MC＝MR ⇒ P＝3。
    根據 Q＝14－2P 可繪得右圖，$CS=\frac{1}{2}[(7-3) \times 8]=16$。

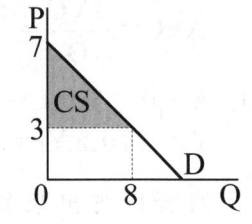

11. $K_I=\frac{\Delta Y}{\Delta I}=\frac{1}{1-MPC} \Rightarrow K_I=\frac{2,400-1,600}{\Delta I}=\frac{1}{1-0.75}=4 \Rightarrow \Delta I=200$。

12. A：廠商的短期供給曲線為「B 點」以上的 MC 線。
    B：P＝20 時，P＝AR＝AC，此時該廠商的經濟利潤為 0。
    C：TFC＝(20－13)×23＝161。
    D：P＜10 時，因 P 低於 AVC 最低點（短期歇業點），因此廠商會選擇歇業，此時產量＝0。

20. NI＝工資＋地租＋利息＋利潤＋國外要素所得淨額
    ＝250＋350＋200＋220＋40＝1,060（億元）。
    NNI＝NI＋企業間接稅淨額＝1,060＋50＝1,110（億元）。
    GNI＝NNI＋折舊＝1,110＋80＝1,190（億元）。
    GDP＝GNI－國外要素所得淨額＝1,190－40＝1,150（億元）。

25. 每一英鎊兌換美元匯率為 1.32 ⇒ 應收匯率為 1.32。
　　A：計算本國貨幣升貶值，以應付匯率計算：
　　　　英鎊升貶值幅度 $= \dfrac{舊匯率－新匯率}{新匯率} \times 100\%$

　　　　$\Rightarrow 10\% = \dfrac{\dfrac{1}{1.32}-\dfrac{1}{E}}{\dfrac{1}{E}} \times 100\% \Rightarrow E = 1.452$。

　　B：計算外國貨幣升貶值，以應收匯率計算：美元升貶值幅度 $= \dfrac{1.32-1.2}{1.2} \Rightarrow$ 美元升值 10%。
　　C：英鎊兌換美元的匯率從 1.32 變為 1.25 ⇒ 英鎊貶值、美元升值
　　　　⇒ 有利於英國出口、不利於美國出口。
　　D：英鎊兌換美元的匯率從 1.32 變為 1.35 ⇒ 英鎊升值，美元貶值
　　　　⇒ 有利於英國進口、不利於美國進口。

第二十五回詳解

7. 將新台幣轉換成美元匯出 ⇒ 外匯需求↑ ⇒ 匯率↑ ⇒ 美元升值，新台幣貶值。

16. A：GDP＝C＋I＋G＋(X－M) ⇒ 1,400＝1,550＋(X－M)
　　　　⇒ (X－M)＝－150 ⇒ X＜M。
　　B：NI ＝GDP＋國外要素所得淨額－折舊－企業間接稅淨額
　　　　　＝1,400＋50－150－0＝1,300。
　　C：GDP 平減指數 $= \dfrac{名目GDP}{實質GDP} \times 100$

　　　　$\Rightarrow 110 = \dfrac{1,400}{實質GDP} \times 100 \Rightarrow$ 實質 GDP ≒ 1,273。

　　D：若 A 國 2019 年之休閒價值提高，則「經濟福利淨額 NEW」大於 1,400。

22. ③：第三階段，MP 為負，TP 遞減。
　　④：理性的生產者應選擇在「AP 最高點」到「MP＝0」的階段生產。

25. A、D：甲國在生產晶片跟遊艇的數量均多於乙國 ⇒ 甲國對生產及遊艇皆具有絕對利益。
　　B、C：甲國生產晶片的產量是乙國的 2 倍，甲國生產遊艇的產量是乙國的 1.5 倍
　　　　　⇒ 根據比較利益法則，甲國應專業生產晶片，乙國應專業生產遊艇。

經濟學 考前衝刺之歷屆試題精選

編　著　者	補教名師群
出　版　者	旗立資訊股份有限公司
住　　　址	台北市忠孝東路一段 83 號
電　　　話	(02)2322-4846
傳　　　真	(02)2322-4852
劃　撥　帳　號	18784411
帳　　　戶	旗立資訊股份有限公司
網　　　址	http://www.fisp.com.tw
電　子　郵　件	school@mail.fisp.com.tw
出　版　日　期	2021/11 月初版 2023/09 月三版
I　S　B　N	978-986-385-346-6

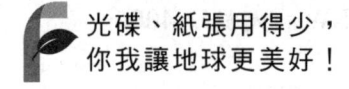

光碟、紙張用得少，
你我讓地球更美好！

Printed in Taiwan

※著作權所有，翻印必究

※本書如有缺頁或裝訂錯誤，請寄回更換

大專院校訂購旗立叢書，請與總經銷
旗標科技股份有限公司聯絡：
住址：台北市杭州南路一段 15-1 號 19 樓
電話：(02)2396-3257
傳真：(02)2321-2545